新目标汉语 1

口语课本

New Target Chinese Spoken Language

主编 毛 悦

编著 郑家平
李 燕
王 艳
张媛媛
种一凡

北京语言大学出版社
BEIJING LANGUAGE AND CULTURE UNIVERSITY PRESS

图书在版编目（CIP）数据

新目标汉语口语课本．1/毛悦主编；郑家平等编著．
—北京：北京语言大学出版社，2012.5（2025.9 重印）
ISBN 978-7-5619-3271-1

Ⅰ.①新… Ⅱ.①毛… ②郑… Ⅲ.①汉语－口语－对外汉语教学－教材 Ⅳ.①H195.4

中国版本图书馆 CIP 数据核字（2012）第 074293 号

新目标汉语口语课本 1

XIN MUBIAO HANYU KOUYU KEBEN 1

排版制作：北京鑫联必升文化发展有限公司
插　　图：插图绘制　杜孝牧
其他插图由“中国新闻图片网”“前图网”“微图网”提供
责任印制：邝　天

出版发行：北京语言大学出版社
社　　址：北京市海淀区学院路 15 号，100083
网　　址：www.blcup.com
电子信箱：service@blcup.com
电　　话：编辑部　8610-82303647/3592/3395
国内发行　8610-82303650/3591/3648
海外发行　8610-82303365/3080/3668
北语书店　8610-82303653
网购咨询　8610-82303908
印　　刷：河北赛文印刷有限公司

版　　次：2012 年 5 月第 1 版　　印　　次：2025年 9 月第 13 次印刷
开　　本：889 毫米 × 1194 毫米　1/16　　印　　张：16.25
字　　数：352 千字
定　　价：97.00 元

PRINTED IN CHINA
凡有印装质量问题，本社负责调换。QQ：1367565611，电话：010-82303590

目录 CONTENTS

编写说明 A Guide to the Use of This Book

一、编写背景

近年来，汉语教学界积极引入任务式教学法，但是，由于缺乏真正体现任务式教学理念的教材，很多所谓任务式教学，实际上依然遵循传统教学模式，只是增加了一些任务形式的练习。而任务式教学是应该贯穿于课堂教学乃至课前、课后的始终的，如果不依托真正的任务式教材，任务式教学将很难贯彻。因此，在对学生和教师进行充分的需求分析之后，我们决定编写一套真正体现任务式教学理念的汉语教材。

二、编写理念

本教材是一套口语系列教材，以汉语交际目标为导向，以任务为主线，结合话题、功能、文化，紧紧围绕“任务目标”进行编写。教材内容体现了任务式教学理念的基本要求，即：任务以意义为主，与现实生活的类似活动相关联，任务中包含需要通过语言交际来解决的问题，最后根据结果评估任务的执行情况。

在注重交际性的同时，本教材也充分考虑语言形式的教学，力求在有意义的语言使用过程中聚焦形式，促进学生对形式的掌握，达到形式与意义的有机统一。

三、教材分级

本教材分为6册，分别面向不同水平的汉语学习者，具有明确的任务和语言能力发展目标，具体如下：

（1）第一、二册面向零起点及初级汉语学习者，每册10个话题单元，话题为一般性非正式话题，或具有可预测性的、常见的日常活动和少数稍具正式性的话题。学习者在与汉语母语者交谈时，可以借助重复等交际策略，使对方理解自己想要表达的内容。任务活动形式侧重于信息差活动和表演活动，学习者通过分工协作，接受不同的听力或阅读材料，然后完成相应的信息差任务和推理差任务。通过学习，学习者能够具备就简单问题进行问答的能力，具备开始一段简单对话并延续话轮、结束对话的能力；语言具有开创性，不再依赖记忆性的词、短语和单句。

（2）第三、四册面向准中级汉语学习者，每册10个话题单元，话题大部分属非正式性的，也有一些正式话题，但这些话题是跟个人有关并能引起大众兴趣和广泛讨论的话题。这时学习者已经具备了一定的非正式话题的交际能力，因此，任务形式侧重于推理差和意念差活动，学习者通过不同的分组、模拟、表演等任务形式，能够比较、叙述并说明过去、现在、未来的时间及经验，具备处理未能预期且较为复杂的情况的能力。

（3）第五、六册面向中级汉语学习者，每册15个话题单元，大部分话题较为正式，涉及当今世界政治、经济、文化、生活、体育等方面一些大家感兴趣的内容。在这一阶段，学习者应能够串联起若干简单段落，进行较长的成段表达。任务形式延续推理差和意念差活动，并引入具有一定难度的阅读材料，引导学生通过讨论、协商完成教师布置的任务。学习者应能就给出的问题进行较为广泛充分的讨论，提出假设，表达自己支持或反对的论点。

总而言之，《新目标汉语口语课本》将以不同层次的任务目标为蓝图，配合相关语言形式，将基本语言话题由日常生活熟悉的、可预测的、非正式的话题提升至较正式的、为一般人所关心的文化、社会主题，帮助学生习得叙述、说明、解释、表达意见、讨论、比较、分析等能力。教材的内容及任务目标和语言形式的安排都是循序渐进、螺旋式循环上升的。

四、教材体例

本教材以任务目标划分教学单元，每个单元包含“学习目标”、“导入”、“头脑风暴”、“生词总动员”、“任务及活动”、“语法点注释”、“学习后任务”、“自我评估”、“文化小贴士”（第五、六册不含）9个部分。从引入话题入手，循序渐进，以任务为主体，涵盖生词、语言形式、交际策略、文化背景等方方面面，螺旋式上升，为学习者提供丰富真实的交际材料，供教师灵活选择。各部分内容分别介绍如下：

（1）学习目标

包括本单元话题、任务目标、重点词语、重点语句、语法点，可作为教师把握教学重点和难点的依据，也可作为学生预习或复习的标准。

（2）导入

从一个与话题相关的问题入手，配合形象的图片，引导学习者熟悉本单元将要学习的话题，让学生开动脑筋，以便进入下一环节“头脑风暴”。

（3）头脑风暴

这一部分引入了思维导图的最新研究成果，将与本单元任务目标相关的词语分层级地呈现给学习者，帮助学习者打开思路，激活学习者的认知图式，为进入下一环节“生词总动员”作准备。由于这一环节的词语采用发散性思维方式呈现，因此并非所有词语都要求学生掌握，教师可根据需要指导学生，学生也可根据这一部分进行预习或扩展自己的词汇量。

（4）生词总动员

这一部分通过大量丰富的图片和任务式活动，帮助学习者开动脑筋，学会使用目标词语。大量活动以语言结构的形式帮助学习者使用词语，因此这一部分也起到了复习旧课、承接新课语言点的作用。通过这部分的学习，学习者能够在合适的场景中正确使用目标任务相关词语。“生词总动员”后附“生词大盘点”，帮助教师和学生更好地把握本单元重点词语。

（5）任务及活动

这一部分是每个单元的重点，包括“任务示范”、“分步任务活动”和“综合任务活动”三部分。其中“任务示范”给学习者提供一个实用、具体、有趣的对话，配合情景介绍和图片，给学习者以直观形象的示范。“分步任务活动”重在解决本单元相关语言形式和语言点的使用问题，通过大量丰富的任务式活动，循序渐进地带领学习者在互动中学会正确使用目的语。“综合任务活动”旨在综合运用本单元相关词语和语言形式，完成本话题下的典型任务，并提供相关的新活动，以提升学习者的交际能力和交际策略。总之，“任务及活动”部分通过由典型到发散、由简单到复杂的任务活动，带领学习者螺旋式上升，解决实际交际问题。教师可根据实际教学情况，全部采用或选取部分任务式活动进行练习。

（6）语法点注释

每个单元包含“语法点注释”，涵盖本单元出现的重要交际性语言点，既包含语言形式，也包含语用层面、功能层面上的语言使用说明。这不仅为教师备课提供了参考，而且简洁、明了、典型的解释和例句也为学生把握语言点提供了有利的帮助。

（7）学习后任务

这是本教材编写理念的重要组成部分，是让学习者真正到生活中“用语言做事”的重要环节。因此，本教材每个单元都设计了一个涵盖全单元所有内容的综合任务活动，引导学习者课后“做事”，并在生活中检验自己的学习成果。为了保证这部分切实有效地发挥作用，建议教师在下一次上课时对这一部分进行检查。

（8）自我评估

“自我评估”旨在帮助学习者检验自己的学习成果。这一部分设计了一些富有趣味性的活动检验学习者词汇、语法点、交际技能的掌握情况。既可作为学生的课后作业，也可用于教师的课堂评估。

（9）文化小贴士

这一部分是本教材的特色。不同于传统教材注重民俗文化、历史文化等“大文化”的特点，本教材每单元所选取的文化点都是跟任务目标相关的生活文化，配合“图片看中国”的直观图片，反映现代中国和中国人的生活状态，为学习者提供语言交际的真实文化场景。教师可引导学习者自学或为学生提供相关视频材料进行深入了解。

五、教材特色

（1）注重任务

本教材以任务式教学理念贯彻始终，每个单元都包含任务的引入、展示、“做事”、汇报、总结的环节，每个单元的各部分之间、各单元之间的教学内容和任务活动不断重现，螺旋式上升。

（2）兼顾语言形式与意义

教材编写兼顾语言形式与意义，语法点的设置具有很强的系统性，任务的实施暗含语言形式的操练，实现了形式与意义的统一，能够有效培养学习者语言使用的流利性和准确性。

（3）故事性强

本教材以来华留学生大龙与一个中国家庭的故事为主线，设计“任务示范”，因此每个单元的“任务示范”环节都是故事中的一个情节。这些故事情节围绕大龙在中国的见闻和众多相关人物的生活、工作情况展开，既包含学习、生活、工作，也包含中国国情、文化、历史等方面的内容。每个单元都有新的故事场景，每册课本都会进入一个新的故事阶段，人物的命运也会随着故事的深入而逐步展现在学习者面前。

（4）兼顾趣味性和实用性

由于本教材采用了大量反映中外真实生活的图片，并配合了灵活多样的活动方式，因此学习者将不断面对不同的感官、思维冲击。为了完成不同的任务，学习者要积极寻求语言的帮助。本教材采用故事性主线，根据人物之间的生活和文化冲突设计故事情节，增加了任务示范的趣味性；同时考虑到文化冲突，也兼顾了实用性。

六、学时建议

建议第一～四册每单元用4～6课时完成，第五、六册每单元用6～8课时完成。

导 读 Readers' Guide

第一、二册每个单元的基本体例如下：

题目 TITLE	
学习目标 LEARNING OBJECTIVES	
导入 WARM-UP	
一、头脑风暴 BRAINSTORM	
二、生词总动员 WORD POWER	任务 Tasks 1、2、3……
	生词大盘点 Vocabulary List
三、任务及活动 TASKS AND ACTIVITIES	（一）任务示范 Task Demonstration
	（二）分步任务活动 Implement Tasks Step by Step
	（三）综合任务活动 Comprehensive Tasks
四、语法点注释 GRAMMAR NOTES	
五、学习后任务 REVIEW TASK(S)	
六、自我评估 SELF-EVALUATION	1. 你认识这些生词吗 Do you know these new words
	2. 做一做，练一练 Do the following exercises
	3. 选一选，测一测 Choose and test
	4. 听一听，答一答 Listen and answer
七、文化小贴士 CULTURAL NOTES	（一）你知道吗 Do You Know
	（二）图片看中国 China in Pictures

• 学习目标 LEARNING OBJECTIVES：

依据国家汉办颁布的《国际汉语教学通用课程大纲》，主要包括话题、任务目标、重点词语、重点语句、语法点等 5 个方面。

作用： 对本单元应掌握的重要内容进行归纳和梳理。

操作方法： 可以用于学习者的课前预习、课后复习以及查阅。

• 导入 WARM-UP：

作用： 激发学生对该任务话题的关注与兴趣，提高表达欲望，营造浓厚的学习气氛，为本单元任务话题的学习作好准备。

操作方法： 在学习者进入本单元新话题的学习之前，教师通过“导入”部分的问题，迅速将学生带入本单元任务话题情景。

- **头脑风暴　BRAINSTORM：**

以"思维导图"的形式呈现与本单元任务话题相关的一系列词语的集合，这些词语都是从一到两个与任务话题相关的核心词发散出来的。不要求全部掌握，作启发思维之用。

*作用：*可以激发和活跃学生的发散性思维，激活学生大脑中关于这个话题的认知图式的相关信息，使学生积极主动地思考在自己表达该话题时需要哪些词语，启发联想力，增强记忆力，满足个性化表达的需要，为下面任务活动的开展提供必要的词汇储备。

操作方法："头脑风暴"部分的生词均带有英文注释及拼音，可以是学生课前预习时独立思考，以打开思路；也可以是课堂上教师给出核心词，学习者分组或者全班一起进行发散性思考。"头脑风暴"的内容不要求学生全部掌握，学生可根据水平和需要自行选择要学习的部分。

- **生词总动员　WORD POWER：**

包括"任务练习"和"生词大盘点"两个环节。"生词大盘点"列出的是本课应该掌握的生词，教师可运用多种教学手段和方法让学生掌握所列生词的发音、意义和用法。词表中词语的排列不是按课文的顺序呈现的，而是将同类词放在一起，以方便教师的课堂操作和学习者的记忆学习。同时，词表也是开放式的，学习者可以根据自己的表达需要加入新的有用的词汇。

"生词大盘点"前面设计了若干个针对生词的任务练习。

*作用：*帮助学生在课前对生词进行有效的预习，或者在课堂讲解后对学习效果进行检测。

*操作方法：*可以作为学生课前预习生词后的自测，也可作为教师讲解完生词以后的练习。推荐用作前者。

- **任务及活动　TASKS AND ACTIVITIES：**

（一）任务示范　Task Demonstration

*作用：*给学生提供规范真实的表达范例，进行语言输入。

*操作方法：*教师可通过朗读、问答、对话、扩展等多种讲练方法来处理每段课文，包括课文中涉及的重要语法点。

（二）分步任务活动　Implement Tasks Step by Step

这一部分设计了一些"子任务"，任务的类型涉及：模仿活动、两人活动、小组活动、班级活动、表演活动、调查活动等。每个任务都设计了明确的任务要求和具体的任务成果。

*作用：*通过完成一系列贴近目标情景的任务，实现语言输出。其中针对本单元的重点语言形式设计的一些焦点型任务充分兼顾了形式与内容，有助于学习者更好地掌握完成本话题任务所必需的语言形式。

*操作方法：*教师可以在处理完"生词大盘点"、"任务示范"和"语法点注释"之后，根据本班学生的实际情况，选做任务活动。

（三）综合任务活动 Comprehensive Tasks

"综合任务活动"的类型与"分步任务活动"相同。

作用： 贯彻"做中学"、"用中学"、"体验中学"的特点，将真实的语言材料引入学习环境，以完成综合任务的形式进行信息或观点等的交流和传递，体验自己的学习过程，使学习者以合作的方式参与到发现问题、解决问题的过程中来，成为独立、自主、高效的学习者。

操作方法： 在完成分步任务活动之后，教师可以根据本班学生的实际情况，选做任务活动。每单元的"综合任务活动"中都设计了一两个表演型任务，这类任务是对"任务示范"的扩展和活用，教师可以根据自己的教学设计放在"任务示范"后处理，也可在"综合任务活动"中处理。

• 语法点注释 GRAMMAR NOTES:

作用： 给学习者提供系统、清晰的语法结构以及典型例句，可以帮助学习者理解、记忆本单元的语法结构，同时在此基础上进行有效扩展。

操作方法： 可以供学习者课前预习或课后复习时查阅。

• 学习后任务 REVIEW TASK(S):

作用： 通过布置需要在课后完成的任务，帮助学习者及时复习、巩固课堂上所学的内容；同时，为了完成任务，学习者需要到真实的社会环境中去获取信息，这有助于提高学习者用汉语进行沟通的能力。

操作方法： 由学习者在课后独立或合作完成，下次上课的时候，教师可以用汇报等形式检查任务的完成情况。

• 自我评估 SELF-EVALUATION:

作用： 自我评估部分一般包括三个部分：（1）"你认识这些生词吗"用于学习者自我检测本单元的生词掌握情况，测试后给出评价。（2）"做一做，练一练"和"选一选，测一测"是对本单元语法点的掌握情况进行诊断性测试。（3）"听一听，答一答"是通过听录音材料完成练习，检测学习者对本课内容的综合掌握情况。

操作方法： 课堂教学结束后，用于学生自我检测。

• 文化小贴士 CULTURAL NOTES:

补充与本课话题相关的中国的风俗文化及当代中国社会风貌的简单介绍。

作用： 通过图片和文字介绍，让留学生真切地感受中国文化，了解当代中国面貌。

操作方法： 对中国文化感兴趣的学习者可以自己查阅学习，教师也可从中选取比较重要的内容给学习者讲授。

词类简称表 Abbreviations

1	名	名词	míngcí	noun
2	代	代词	dàicí	pronoun
3	形	形容词	xíngróngcí	adjective
4	动	动词	dòngcí	verb
5	能动	能愿动词	néngyuàn dòngcí	modal verb
6	副	副词	fùcí	adverb
7	数	数词	shùcí	numeral
8	量	量词	liàngcí	measure word
9	介	介词	jiècí	preposition
10	连	连词	liáncí	conjunction
11	助	助词	zhùcí	particle
		语气助词	yǔqì zhùcí	modal particle
		结构助词	jiégòu zhùcí	structural particle
		动态助词	dòngtài zhùcí	aspect particle
12	叹	叹词	tàncí	interjection
13	拟声	拟声词	nǐshēngcí	onomatopoeia
14	头	词头	cítóu	prefix
15	尾	词尾	cíwěi	suffix

人物介绍 Introduction to the Characters

	白大龙 Bái Dàlóng Bai Dalong	美国留学生，在北京语言大学学习汉语。阳光，开朗，热爱运动、音乐，打算在大学做东亚研究。张丽的家是他的中国家庭。
	张　丽 Zhāng Lì Zhang Li	大龙的中国妹妹。大学生，在北京大学学习英语。温柔，美丽，热爱读书、音乐，有很多好朋友。
	张大年 Zhāng Dànián Zhang Danian	大龙的中国爸爸，北京大学的教授。很有学问，专门研究东西方文化差异，喜欢油画。
	李　月 Lǐ Yuè Li Yue	大龙的中国妈妈，北大医院的儿科大夫。很有耐心，很温柔，喜欢烹饪，中国菜做得很好吃。
	李　伟 Lǐ Wěi Li Wei	张丽的高中同学，现在一边上大学，一边在中关村打工。英语不错，工作和学习都很忙，喜欢张丽。
	查　理 Chálǐ Charlie	李伟的同事，英国人，常来北京出差。以前在北京学过汉语，现在能说一口流利的汉语。不太爱讲话，可是很幽默。
	美　善 Měishàn Meishan	大龙班里的美国同学。混血儿，爸爸是韩国人，妈妈是日本人，她自己在美国出生。活泼开朗，喜欢音乐和运动，也喜欢大龙。
	艾　娜 Àinà Edna	大龙班里的美国同学。因为喜欢旅行，所以来学习汉语。很幽默，爱好跳舞，喜欢大龙。

语音总论

General Introduction to Pronunciation

语音一 Pronunciation (1)

导入 WARM-UP

请试着读下面这首诗。Please try to read the following poem.

Dēng Guànquè Lóu
登 鹳雀 楼

Bái rì yī shān jìn, Huáng Hé rù hǎi liú.
白日依山尽，黄河入海流。

Yù qióng qiān lǐ mù, gèng shàng yì céng lóu.
欲穷千里目，更上一层楼。

一 日常用语 DAILY EXPRESSIONS

1\. A：Nǐ hǎo.
你好。

B：Nǐ hǎo.
你好。

2\. A：Dàjiā hǎo.
大家好。

B、C、D：Nǐ hǎo.
你好。

3\. A、B、C：Lǎoshī hǎo.
老师好。

D：Tóngxuémen hǎo.
同学们好。

一 拼音概述 A GENERAL INTRODUCTION TO *PINYIN*

1 音节简述 A brief introduction to syllables

汉语里一个音节一般由声母、韵母、声调组成。比如 hǎo，h 是声母，ao 是韵母，ˇ是声调。

In Chinese, a syllable is generally composed of an initial, a final and a tone. For example, in the syllable hǎo, h is the initial, ao is the final, and ˇ is the tone.

声母 Initial	韵母 Final			声调 Tone	→	音节 Syllable
		a		ˉ	→	ā
n		a		ˊ	→	ná
n		a	o	ˇ	→	nǎo
n	i	e		ˋ	→	niè
n	i	a	o	ˇ	→	niǎo

2 声母 Initials

汉语普通话里有21个声母，按照发音部位和发音方法可以分为 6 组。见下表：

There are 21 initials in Mandarin Chinese, which can be divided into 6 groups according to the places and methods of articulation. Please see the form below:

发音部位 Place of articulation	声母 Initial				
唇音 labial	b	p	m	f	
舌尖中音 blade-alveolar	d	t	n		l
舌根音 velar	g	k		h	
舌面音 palatal	j	q		x	
舌尖后音 blade-palatal	zh	ch		sh	r
舌尖前音 dental	z	c		s	

3 韵母 Finals

汉语普通话里有38个韵母，可以分为单韵母和复韵母两大类，复韵母中又包括二合韵母、三合韵母和鼻韵母。见下表：

There are 38 finals in Mandarin Chinese, which are divided into simple finals and compound finals. The latter includes double finals, triple finals and nasal finals. Please see the form below:

单韵母（9个） Simple finals		a o e i u ü er -i [ɿ]、[ʅ]	
复韵母（29个） 29 compound finals	二合韵母（9个） 9 double finals	ai ei ao ou ia ie ua uo üe	
	三合韵母（4个） 4 triple finals	iao iou (iu) uai uei (ui)	
	鼻韵母（16个） 16 nasal finals	an ian uan üan en in uen (un) ün	ang iang uang eng ing ueng ong iong

4 声调 Tones

（1）四声 Four tones

汉语普通话有一声、二声、三声、四声四个声调，声调不同，表示的含义也不同。声调标在主要元音的上面。主要元音的顺序按开口度大小排列是：

a o e i u ü

There are four tones in Mandarin Chinese, the first, the second, the third and the fourth. Two characters with the same initial and final but different tones have different meanings. The tonal mark is placed above the main vowel. The sequence of the main vowels according to the size of the mouth when pronouncing them is as follows: a o e i u ü with a being the largest and ü being the smallest.

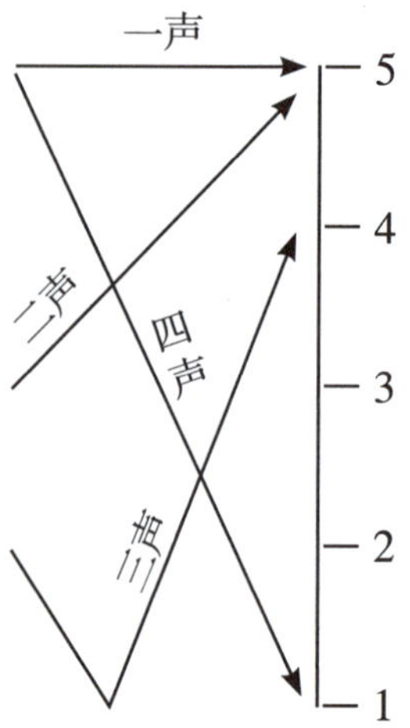

例

mā má mǎ mà

妈 麻 马 骂

（2）轻声 Neutral tone

汉语里，有的字读轻声。轻声短而轻，没有声调标志。跟在一声、二声、四声后的轻声略低，跟在三声后的声调略高。

Some characters are pronounced in neutral tone in Chinese. The neutral tone is short and light without a tonal mark. It is pronounced slightly low if used after characters in the first, second and fourth tones and slightly high if used after characters in the third tone.

例

māma

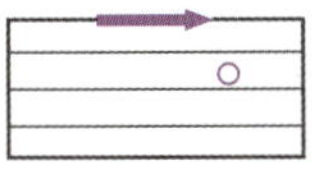

déle

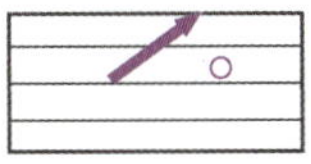

nǐmen

bàba

三 声母、韵母 (1) INITIALS AND FINALS (1)

声母 Initial	b d g	p t k	m n h	f l		
韵母 Final	a ai ie	o ei iou (iu)	e ao	i ou	u	ü

四 拼合 (1) COMBINATIONS OF INITIALS AND FINALS (1)

	a	o	e	i	u	ü	ai	ei	ao	ou	ie	iou (iu)
b	ba	bo		bi	bu		bai	bei	bao		bie	
p	pa	po		pi	pu		pai	pei	pao	pou	pie	
m	ma	mo	me	mi	mu		mai	mei	mao	mou	mie	miu
f	fa	fo			fu			fei		fou		

	a	o	e	i	u	ü	ai	ei	ao	ou	ie	iou (iu)
d	da		de	di	du		dai	dei	dao	dou	die	diu
t	ta		te	ti	tu		tai	tei	tao	tou	tie	
n	na		ne	ni	nu	nü	nai	nei	nao	nou	nie	niu
l	la		le	li	lu	lü	lai	lei	lao	lou	lie	liu
g	ga		ge		gu		gai	gei	gao	gou		
k	ka		ke		ku		kai	kei	kao	kou		
h	ha		he		hu		hai	hei	hao	hou		

五 说明 (1) NOTES (1)

1 三声变调 Changes of the third tone

（1）两个三声音节连在一起时，前一个音节变为第二声，如“你好 nǐ hǎo”的实际读音是“ní hǎo”。

When two third-tone syllables appear in a row, the former is pronounced in the second tone. For example, 你好 nǐ hǎo is pronounced as ní hǎo actually.

（2）三声在第一、二、四声和大部分轻声前边时，要变成半三声。半三声就是只读原来三声的前一半声调，如“你们 nǐmen”。

When a third-tone syllable is followed by a first, second, fourth or a neutral tone syllable, it retains only the first half tone, the falling tone, which we call the half-third tone. For example, 你们 nǐmen.

2 i、u 开头的韵母的拼写规则 The spelling rules for the finals starting with i and u

以 i、u 开头的韵母，前面没有声母时，必须把 i 改为 y，把 u 改为 w。例如：ie→ye、uo→wo；或者在前面加上 y、w，例如：i→yi、u→wu。

For finals beginning with i or u without an initial, i is written as y and u is written as w. For example, ie→ye, uo→wo. Or y and w are added before i and u respectively. For example, i→yi, u→wu.

语音二 Pronunciation (2)

导入 WARM-UP

请试着读下面的句子。Please try to read the following sentence.

Sān rén xíng, bì yǒu wǒ shī yān.
三 人 行，必 有 我 师 焉。

——《Lúnyǔ》
——《论语》

一 日常用语 DAILY EXPRESSIONS

Zàijiàn.
1. A：再见。

Zàijiàn.
B：再见。

Míngtiān jiàn.
2. A：明天 见。

Míngtiān jiàn.
B：明天 见。

二 声母、韵母 (2) INITIALS AND FINALS (2)

声母 Initial	j	q	x	z	c	s	
				zh	ch	sh	r
韵母 Final				an	en		
				ang	eng	ong	
	ia	iao					
	ian		in				
	iang		ing			iong	-i [ɿ]、[ʅ]

三 拼合 (2) COMBINATIONS OF INITIALS AND FINALS (2)

	i	ia	iao	ie	iou (iu)	ian	in	iang	ing	iong
j	ji	jia	jiao	jie	jiu	jian	jin	jiang	jing	jiong
q	qi	qia	qiao	qie	qiu	qian	qin	qiang	qing	qiong
x	xi	xia	xiao	xie	xiu	xian	xin	xiang	xing	xiong

	a	e	-i [ɿ]、[ʅ]	ai	ei	ao	ou	an	en	ang	eng	ong
z	za	ze	zi	zai	zei	zao	zou	zan	zen	zang	zeng	zong
c	za	ce	ci	cai		cao	cou	can	cen	cang	ceng	cong
s	sa	se	si	sai		sao	sou	san	sen	sang	seng	song
zh	zha	zhe	zhi	zhai	zhei	zhao	zhou	zhan	zhen	zhang	zheng	zhong
ch	cha	che	chi	chai		chao	chou	chan	chen	chang	cheng	chong
sh	sha	she	shi	shai	shei	shao	shou	shan	shen	shang	sheng	
r		re	ri			rao	rou	ran	ren	rang	reng	rong

四 说明 (2) NOTES (2)

1. -i 代表 z、c、s 后的元音 [ɿ]，或 zh、ch、sh、r 后的元音 [ʅ]。注意：不要将音节 zi、ci、si、zhi、chi、shi、ri 中的 -i 读成 [i]。

   -i represents the vowel [ɿ] after z, c, s, or the vowel [ʅ] after zh, ch, sh, r. In zi, ci, si, or zhi, chi, shi, ri, -i is not articulated as [i].

2. 韵母 iou 与声母拼合时，要省略中间的元音 o，写成 iu。调号应标在后一元音上。例如：jiǔ、qiū、xiū。

   When the final iou follows an initial, the vowel o in the middle is omitted and the final is written as iu. The tonal mark is put above the last vowel, e.g., jiǔ, qiū, xiū.

语音三 Pronunciation (3)

导入 WARM-UP

请试着读下面的句子。Please try to read the following sentence.

Nǚháir měi yuè kuà kuāng guò hé zhāi guāguǒ.
女孩儿每月挎筐过河摘瓜果。

一 日常用语 DAILY EXPRESSIONS

1. A：谢谢。(Xièxie.)
   B：不客气。(Bú kèqi.)

2. A：对不起。(Duìbuqǐ.)
   B：没关系。(Méi guānxi.)

二 韵母 (3) FINALS (3)

韵母 Final	ua uo uai uei (ui) uan uen (un) uang ueng
	üe üan ün
	er

三 拼合(3) COMBINATIONS OF INITIALS AND FINALS (3)

	u	ua	uo	uai	uei (ui)	uan	uen (un)	uang
b	bu							
p	pu							
m	mu							
f	fu							
d	du		duo		dui	duan	dun	
t	tu		tuo		tui	tuan	tun	
n	nu		nuo			nuan		
l	lu		luo			luan	lun	
z	zu		zuo		zui	zuan	zun	
c	cu		cuo		cui	cuan	cun	
s	su		suo		sui	suan	sun	
zh	zhu	zhua	zhuo	zhuai	zhui	zhuan	zhun	zhuang
ch	chu	chua	chuo	chuai	chui	chuan	chun	chuang
sh	shu	shua	shuo	shuai	shui	shuan	shun	shuang
r	ru	rua	ruo		rui	ruan	run	
g	gu	gua	guo	guai	gui	guan	gun	guang
k	ku	kua	kuo	kuai	kui	kuan	kun	kuang
h	hu	hua	huo	huai	hui	huan	hun	huang

	ü	üe	üan	ün
n	nü	nüe		
l	lü	lüe		
j	ju	jue	juan	jun
q	qu	que	quan	qun
x	xu	xue	xuan	xun

四 说明(3) NOTES (3)

1. ü 自成音节或在一个音节开头时写成 yu。例如：Hànyǔ（汉语）、yuànzi（院子）。
   ü is written as yu when it forms a syllable by itself or appears at the beginning of a syllable, e.g., Hànyǔ (Chinese), yuànzi (courtyard).

2. j、q、x 与 ü 及以 ü 开头的韵母相拼时，ü 上的两点要省略。例如：jùzi（句子）、xuéxí（学习）。

When j, q or x is put before ü or a final beginning with ü, the two dots in ü are omitted, e.g., jùzi (sentence), xuéxí (to study).

3. uei、uen 跟声母相拼时，中间的元音省略，写成ui、un。例如：huí（回）、dūn（吨）。

When uei and uen follow an initial, they are changed respectively into ui and un in writing with the vowel in the middle omitted, e.g., huí (to return), dūn (ton).

4. "不"、"一"的变调　Change in tones of 不 and 一

（1）"不"在第四声字前或由第四声变来的轻声字前读第二声 bú。例如：bú xiè（不谢）、búshi（不是）。在第一、二、三声前仍读第四声 bù。例如：bù xīn（不新）、bù lái（不来）、bù hǎo（不好）。

不 is pronounced in the 2nd tone (bú) before a syllable in the 4th tone or a syllable in the neutral tone changed from the 4th tone, e.g., bú xiè (You are welcome.), búshi (fault). But 不 is still pronounced in the 4th tone (bù) when it precedes a syllable in the 1st, 2nd or 3rd tone, e.g., bù xīn (not new), bù lái (not come), bù hǎo (not good).

（2）"一"在第四声字前或由第四声变来的轻声字前读第二声 yí。例如：yí kuài（一块）、yí ge（一个）。在第一、二、三声字前读第四声 yì。例如：yì tiān（一天）、yì nián（一年）、yìqǐ（一起）。

一 is pronounced in the 2nd tone (yí) before a syllable in the 4th tone or a syllable in the neutral tone changed from the 4th tone, e.g., yí kuài (a bar), yí ge (a piece). But 一 is pronounced in the 4th tone (yì) when it precedes a syllable in the 1st, 2nd or 3rd tone, e.g., yì tiān (a day), yì nián (a year), yìqǐ (together).

5. 儿化　Retroflexion with -r

er 常常跟其他韵母结合在一起，使该韵母成为儿化韵母。儿化韵母的写法是在原韵母之后加 r。例如：wánr（玩儿）、huār（花儿）。

er is often added to another final to make it retroflexed. The retroflex final is transcribed by adding r to the original final, e.g., wánr (to play), huār (flower).

6. 隔音符号　The dividing mark

a、o、e 开头的音节连接在其他音节后面时，为了使音节界限清楚，不致混淆，要用隔音符号"'"隔开。例如：nǚ'ér（女儿）。

When a syllable beginning with a, o or e follows another syllable, it is desirable to use the dividing mark "'" to clarify the boundary between the two syllables, e.g., nǚ'ér (daughter).

第一单元 Unit 1

打招呼 Greeting

话题 **Topic**	打招呼 Greeting
任务目标 **Instructional Objectives**	能在常见情境中使用合适的打招呼用语，能简单介绍自己的姓名 Students can use appropriate expressions to greet people in common situations and can tell their own names.
重点词语 **Key Words**	你好 nǐ hǎo、我 wǒ、他 tā、你们 nǐmen、我们 wǒmen、他们 tāmen、漂亮 piàoliang、高兴 gāoxìng、叫 jiào、名字 míngzi
重点语句 **Key Sentences**	1. 你好！ Nǐ hǎo! 2. 你叫什么名字？ Nǐ jiào shénme míngzi? 3. 你是张丽吗？ Nǐ shì Zhāng Lì ma? 4. 认识你很高兴！ Rènshi nǐ hěn gāoxìng! 5. 我也很高兴！ Wǒ yě hěn gāoxìng! 6. 你很漂亮！ Nǐ hěn piàoliang!
语法点 **Grammar Points**	1. “你”和“您” 你 and 您 2. 询问姓名的方式：“姓”和“叫” 姓 and 叫 are used to ask somebody's name 3. “是”字句 The 是 -sentence 4. 形容词谓语句 The sentence with an adjectival predicate

导入 WARM-UP

你会用汉语跟朋友打招呼吗？

Can you greet your friends in Chinese?

小组活动：请在桌卡上写出你的名字，如果你有中文名字，请写上你的中文名字和拼音，然后四人一组，用下面的方式打招呼。

Group activity: Please write your name on the table card. If you have a Chinese name, please write it with *pinyin*. Then form groups of four to greet each other.

例

A：你 好！ 大龙。
Nǐ hǎo! Dàlóng.

B：你 好！ 小丽。
Nǐ hǎo! Xiǎolì.

一 头脑风暴 BRAINSTORM

他们是谁 Who are they

两人活动：请看图片，了解本册教材中出现的人物，然后说说他们是谁。

Pair work: Look at the pictures and get to know the characters in this textbook, then tell who they are.

大龙：阳光开朗的美国男孩儿
Dalong: an outgoing American boy

张丽：温柔美丽的中国女孩儿
Zhang Li: a sweet and beautiful Chinese girl

张爸、张妈：慈祥善良的中国父母
Uncle Zhang and Aunt Zhang: kind Chinese parents

李伟：斯文的中国人
Li Wei: a Chinese gentleman

查理：幽默的英国人
Charlie: a humorous British man

美善：开朗的韩裔美国女孩儿
Meishan: an optimistic Korean girl who was born in the U.S.A.

艾娜：开朗的美国女孩儿
Edna: a cheerful American girl

一 生词总动员 WORD POWER

1 你认识他们吗 Do you know them

小组活动 下面是一些名人的照片，请在你认识的照片下打 √，并在旁边写上他们的名字。然后向其他同学介绍这些人，比比谁认识的名人多。

Group activity: The following are the photos of some celebrities. Please tick √ below the photos of the people you know and write their names beside the numbers. Then introduce these people to your classmates and see who knows the most of these people.

☐ 1. ______

☐ 2. ______

☐ 3. ______

☐ 4. ______

☐ 5. ______

☐ 6. ______

☐ 7. ______

例

他是 成 龙。
Tā shì Chéng Lóng.

她是 邓 丽君。
Tā shì Dèng Lìjūn.

他们 是 大龙 和 小丽。
Tāmen shì Dàlóng hé Xiǎolì.

她们 是 S.H.E。
Tāmen shì S.H.E.

2 你觉得他们有什么特点 What are their characteristics

两人活动 找到跟图片人物特点相对应的词，然后介绍这些人物的特点。

Pair work: Find the words that correspond with the characteristics of each person or character. Then introduce the characteristics of these persons and characters.

例 大龙 很 高。
Dàlóng hěn gāo.

米妮
Mǐnī

阿童木
Ātóngmù

章 子怡
Zhāng Zǐyí

姚 明
Yáo Míng

皮特
Pítè

小矮人
Xiǎo'ǎirén

沈 殿霞 和 吕 燕
Shěn Diànxiá hé Lǚ Yàn

a. 漂亮 beautiful
piàoliang

b. 帅 handsome
shuài

c. 聪明 clever
cōngming

f. 高 tall
gāo

d. 矮 short
ǎi

e. 可爱 lovely
kě'ài

g. 胖 fat
pàng

h. 瘦 thin
shòu

生词大盘点 VOCABULARY LIST

1	你	nǐ	代	you (*singular*)
2	您	nín	代	you (a *respectful term*)
3	你们	nǐmen	代	you (*plural*)
4	我	wǒ	代	I, me
5	我们	wǒmen	代	we, us
6	他	tā	代	he, him
7	他们	tāmen	代	they, them (*of male or indefinite gender*)
8	她	tā	代	she, her
9	她们	tāmen	代	they, them (*of female gender*)
10	好	hǎo	形	good
11	叫	jiào	动	to call
12	什么	shénme	代	what
13	名字	míngzi	名	name
14	贵姓	guìxìng	名	surname (*a respectful term*)
	姓	xìng	动/名	to be surnamed; surname
15	是	shì	动	to be (is, am, are, etc.)
16	吗	ma	语气助词	*used at the end of a question*
17	认识	rènshi	动	to know
18	很	hěn	副	very
19	高兴	gāoxìng	形	happy
20	漂亮	piàoliang	形	beautiful
21	帅	shuài	形	handsome
22	也	yě	副	also, too
23	都	dōu	副	all
24	老师	lǎoshī	名	teacher
25	大家	dàjiā	代	everybody
26	谢谢	xièxie	动	to thank
27	和	hé	连	and

二 任务及活动 TASKS AND ACTIVITIES

（一）任务示范 Task Demonstration

故事场景 在飞机场。大龙刚到北京，看见一个漂亮的中国女孩子，正是他要住的中国家庭的女儿。大龙高兴地和她打招呼。

The scene of the story: Dalong just arrived at the airport in Beijing. He saw a beautiful Chinese girl who was just the daughter of the Chinese family he would live with. He was very happy to say hello to her.

大龙： 你 好！
Dàlóng: Nǐ hǎo!

张丽： 你 好！
Zhāng Lì: Nǐ hǎo!

大龙： 我 叫 白 大龙，你 是 张 丽 吗？
Dàlóng: Wǒ jiào Bái Dàlóng, nǐ shì Zhāng Lì ma?

张丽： 我 是 张 丽。认识 你 很 高兴！
Zhāng Lì: Wǒ shì Zhāng Lì. Rènshi nǐ hěn gāoxìng!

大龙： 认识 你我 也 很 高兴！你 很 漂亮！
Dàlóng: Rènshi nǐ wǒ yě hěn gāoxìng! Nǐ hěn piàoliang!

张丽： 嗯（if you feel hesitant, you can use 嗯），谢谢！
Zhāng Lì: Ǹg, xièxie!

（二）分步任务活动 Implement Tasks Step by Step

1 打招呼 Greeting

两人活动 请先听录音，模仿下列几种场景中中国人打招呼的方式，然后两人一组，根据抽签抽到的任务场景表演打招呼。

Pair work: Listen to the recording and imitate how Chinese people greet each other in the following scenes. Then work in pairs and greet each other in the scenes decided by lot.

1

学生：老师 好！
Xuésheng: Lǎoshī hǎo!

老师：你 好！
Lǎoshī: Nǐ hǎo!

2

A：大家 好！
Dàjiā hǎo!

B、C：你 好！
Nǐ hǎo!

3

A：您 好！
Nín hǎo!

B：你 好！
Nǐ hǎo!

4

A：你 好 吗？
Nǐ hǎo ma?

B：很 好，谢谢。
Hěn hǎo, xièxie.

2 找朋友 Find your friends

班级活动：老师给每个学生其他三个同学的名字，要求这四个人组成一个学习小组，可是大家互相还不认识。请先在班里调查，找到你的组员，然后每个学习小组派出一名代表向全班介绍小组成员。

Class activity: The teacher tells each student the names of three other students and asks them to form a group of four. As they don't know each other at this time yet, ask them to do a survey in the class first to find their group members. Then, choose a representative from each group and ask him to introduce his group members to the class.

例

（1）调查 Survey

A：你 好，我 是 大龙，你是 小丽 吗？
Nǐ hǎo，wǒ shì Dàlóng，nǐ shì Xiǎolì ma?

B1：我 是 小丽，很 高兴 认识 你。
Wǒ shì Xiǎolì，hěn gāoxìng rènshi nǐ.

B2：对不起（I'm sorry.），我 不 是 小丽。
Duìbuqǐ， wǒ bú shì Xiǎolì.

（2）汇报 Presentation

你们 好！我 是……，他是……，她是……，……。
Nǐmen hǎo! Wǒ shì ……， tā shì ……， tā shì ……，…….

很 高兴 认识 你们！
Hěn gāoxìng rènshi nǐmen!

3 找出他们的共同点 Find out their similarities

模仿活动：请一边听录音一边看图，说说图中人物的共同点。

Simulation: Listen to the recording while looking at the pictures. Find the similarities of the people in the pictures.

例

姚 明
Yáo Míng

姚 明 很 高，
Yáo Míng hěn gāo,

科比也很 高。
Kēbǐ yě hěn gāo.

他们 都 ______________。
Tāmen dōu ______________.

科比
Kēbǐ

章 子怡
Zhāng Zǐyí

章 子怡 很 漂亮，
Zhāng Zǐyí hěn piàoliang,

朱莉也 很 漂亮。
Zhūlì yě hěn piàoliang.

她们 都 ______________。
Tāmen dōu ______________.

朱莉
Zhūlì

两人活动 看图说说大龙和小丽的特点。

Pair work: Look at the pictures and tell the characteristics of Dalong and Xiaoli.

他是 大龙，他很 高，也很 ________。
Tā shì Dàlóng, tā hěn gāo, yě hěn ________.

她是 小丽，她 很 高，也很 ______。
Tā shì Xiǎolì, tā hěn gāo, yě hěn ______.

小组活动：请先在小组中进行自我介绍，然后请一位组员做代表，向全班同学介绍你们组员之间外貌方面的共同点。

Group activity: First, introduce yourself to your group members. Then choose a group member to make a presentation to the class about the similarities among your group members in terms of their appearance.

例

（1）自我介绍 Self-introduction

我 是 张 丽，我 很 高，也 很……。
Wǒ shì Zhāng Lì, wǒ hěn gāo, yě hěn …….

（2）全班汇报 Presentation to the class

我 是 张 丽，他 是 大龙，她 是 美善。
Wǒ shì Zhāng Lì, tā shì Dàlóng, tā shì Měishàn.

我 很 漂亮， 美善 也很 漂亮，……。
Wǒ hěn piàoliang, Měishàn yě hěn piàoliang, …….

4 中文名字 Chinese names

模仿活动：请听录音，然后看下面的提示文字介绍大龙和小丽。

Simulation: Listen to the recording, and then introduce Dalong and Xiaoli according to the given information.

姓 xìng	名字 míngzi
↓	↓
白 Bái	大龙 Dàlóng
张 Zhāng	丽 Lì

两人活动 请听录音并说出这些中国名人的名字，然后两人一组，在表格里写出这些人的姓和名。你还知道其他中国人常用的名字吗？也请写在下面的表格里，然后用汉语问答这些人的姓名。

Pair work: Listen and tell the names of the following Chinese celebrities. Then work in pairs to write their surnames and given names in the form. Do you know other popular Chinese names? If you do, please also fill them in the following form. Then ask questions about their names and answer them in Chinese.

马 云
Mǎ Yún

姚 明
Yáo Míng

王 力宏
Wáng Lìhóng

巩 俐
Gǒng Lì

郭晶晶
Guō Jīngjīng

李 冰冰
Lǐ Bīngbīng

<table>
<tr><td>姓
xìng</td><td colspan="2">马、姚、
Mǎ、Yáo、</td></tr>
<tr><td rowspan="2">名字
míngzi</td><td>男 Male</td><td>女 Female</td></tr>
<tr><td>云、
yún、</td><td>俐、
lì、</td></tr>
</table>

例

① A：他 姓 什么？
Tā xìng shénme?
B：他 姓 白，叫 大龙。
Tā xìng Bái, jiào Dàlóng.

② A：她 叫 什么 名字？
Tā jiào shénme míngzi?
B：她 叫 张 丽。
Tā jiào Zhāng Lì.

两人活动 给自己取一个中文名字。你有中文名字吗？下面是一些常见英文名字的中文译名，请根据发音，将这些中文译名和对应的英文名字连起来。

Pair work: Give yourself a Chinese name. Do you have a Chinese name? The following Chinese names are translated from English names. Link each of them with the corresponding English name based on the pronunciation.

大卫	Dàwèi	Jenny
玛丽	Mǎlì	David
艾米	Àimǐ	John
安娜	Ānnà	Jolie
朱丽	Zhūlì	Jordan
乔丹	Qiáodān	Mike
麦克	Màikè	Anna
约翰	Yuēhàn	Amy
珍妮	Zhēnni	Mary

下表是中国很常见的男女名字，请参考这些名字，或向老师求助，给自己取一个好听、地道的中文名字。

Some common Chinese names are listed in the following table. Please give yourself a Chinese name referring to these names or with the help of your teacher.

中国常见的姓名 Common Chinese Names				
姓 Surnames	男生名字 Male students' names		女生名字 Female students' names	
李 Lǐ	力 lì	strength	丽 lì	beauty
张 Zhāng	山 shān	mountain	云 yún	cloud
王 Wáng	龙 lóng	dragon	凤 fèng	phoenix
高 Gāo	伟 wěi	great	红 hóng	red
白 Bái	刚 gāng	strong	燕 yàn	swallow

小组活动 请调查你的组员的姓和名，记录下来，然后请一位同学向全班进行汇报。

Group activity: Please make a survey of your group members' surnames and given names. Write down the information and then ask one of your classmates to make a presentation to the class.

例

（1）调查 Survey

A：您 贵姓？/你 叫 什么 名字？
Nín guìxìng? / Nǐ jiào shénme míngzi?

B：我 姓 姚，叫 姚 明。
Wǒ xìng Yáo, jiào Yáo Míng.

A：认识 你 很 高兴。
Rènshi nǐ hěn gāoxìng.

B：认识 你 我 也 很 高兴。
Rènshi nǐ wǒ yě hěn gāoxìng.

（2）汇报 Presentation

他 姓 姚，叫 姚 明。……
Tā xìng Yáo, jiào Yáo Míng. ……

（三）综合任务活动 Comprehensive Tasks

1 在晚会上认识新朋友 Get to know new friends at the party

表演活动 你在晚会上看见一位很帅/漂亮的异性朋友，你想认识他/她。

Role playing: You saw a handsome boy / beautiful girl at the party and wanted to know him / her.

例

A：你好！
Nǐ hǎo!

B：……！

A：我 叫 ……。你 叫 什么 名字？
Wǒ jiào ……. Nǐ jiào shénme míngzi?

B：我 叫 ……。很 高兴 认识 你。
Wǒ jiào……. Hěn gāoxìng rènshi nǐ.

A：……。

2 我猜我猜 Guess! Guess!

小组活动：请一个同学描述任意一张照片，其他同学猜他描述的是谁。

Group activity: Ask one of your students to describe one of the persons in the pictures and let the other students guess who he is referring to.

Rain

邓亚萍
Dèng Yàpíng

吕 燕
Lǚ Yàn

机器猫
Jīqìmāo

例

描述：他 很 高，也 很 帅，……。
Description: Tā hěn gāo, yě hěn shuài, …….

猜测：是 查理 吗？
Guesswork: Shì Chálǐ ma?

答案：他 姓 白，叫 白 大龙。
Answer: Tā xìng Bái, jiào Bái Dàlóng.

3 认识更多的同学 Get to know more classmates

班级活动：每个人在规定的时间内向尽可能多的同学介绍自己，并记录对方的信息，然后由同学们逐一介绍自己的采访结果，顺序是：A介绍B，B介绍C，C介绍D……N介绍A。小提示：可以用"你好、您好"等来开始。

Class activity: Introduce yourself to as many of your classmates as possible within the given time and write down the others' information. Then present your interviews in the order of: A→B, B→C, C→D…N→A. Tip: You may use 你好 or 您好 to start your introduction.

例

A：你 好，我们 认识 一下(*used after a verb to indicate one action or one try*)。
Nǐ hǎo, wǒmen rènshi yíxià.
我 姓 白，叫 大龙。
Wǒ xìng Bái, jiào Dàlóng.
我 很 高，也 很 聪明。
Wǒ hěn gāo, yě hěn cōngming.
B：你 好，我是……，……。
Nǐ hǎo, wǒ shì ……, …….
认识 你 很 高兴。
Rènshi nǐ hěn gāoxìng.
A：认识 你 我 也 很 高兴。
Rènshi nǐ wǒ yě hěn gāoxìng.

4 练习常用客气话 Practise the frequently used polite expressions

两人活动 这些都是地道的汉语表达，请先听录音，然后看图表演。

Pair work: These are the idiomatic expressions for greeting in Chinese. Please listen to the recording, look at the pictures, and then act.

① A：谢谢 你！
Xièxie nǐ!
B：不 客气！
Bú kèqi!

② A：你 真 棒！
Nǐ zhēn bàng!
B：哪里，哪里！
Nǎli, nǎli!

③ A：对不起。
Duìbuqǐ.
B：没 关系。
Méi guānxi.

④ A：再见！
Zàijiàn!
B：再见！
Zàijiàn!

四 语法点注释 GRAMMAR NOTES

1 "你"和"您" 你 and 您

在汉语中，第二人称"你"常用于指称同辈、地位相似的人或朋友；对于长辈和地位高的人，或为了向对方表示尊敬，常用"您"来指称。"您"没有复数形式。第二人称复数形式都用"你们"。例如：

In Chinese, 你(nǐ) is often used to refer to someone who is of the same generation or similar status as you. 您(nín) is used to refer to your senior or someone who has a higher status than you. It can also be used to show your respect. 您(nín) doesn't have a plural form. 你们(nǐmen) is always used as the second person plural form, e.g.,

①你们 好！
Nǐmen hǎo!

②你 好 吗？
Nǐ hǎo ma?

③您 贵姓？
Nín guìxìng?

④你 是 大龙 吗？
Nǐ shì Dàlóng ma?

2 询问姓名的方式："姓"和"叫" 姓 and 叫 are used to ask somebody's name

汉语的人名是先说"姓"，后说"名"。"姓"只介绍姓，"叫"介绍名或全名。询问对方姓名时，为了表示尊敬，常常用"您贵姓"提问，回答是"我姓……"；对同辈可以直接问"你叫什么"，回答是"我叫……"。

In Chinese, 姓(xìng, surname) often goes before 名(míng, given name). 姓(xìng) only introduces one's surname, while 叫(jiào) introduces one's given name or full name. To show your courtesy, 您贵姓(Nín guìxìng) is often used when asking the other party's name and is responded by 我姓(Wǒ xìng)……; 你叫什么(Nǐ jiào shénme) is used to inquire the name of someone of your generation and is responded by 我叫(Wǒ jiào)……

①A：你 姓 什么？
Nǐ xìng shénme?

B：我 姓 白，叫 白 大龙。
Wǒ xìng Bái, jiào Bái Dàlóng.

②A：您 贵姓？
Nín guìxìng?

B：我 姓 张。
Wǒ xìng Zhāng.

③A：你 叫 什么？
Nǐ jiào shénme?

B：我 叫 李 伟。
Wǒ jiào Lǐ Wěi.

需要注意的是，“贵姓”只能用于询问谈话对方的姓，对于第三人称，应问“他/她姓什么”或“他们姓什么”。例如：

It is noteworthy that 贵姓 (guìxìng) is only used to ask the surname of someone you are talking to. 他/她姓什么 (Tā xìng shénme) or 他们姓什么 (Tāmen xìng shénme) is used to inquire the name of the third party, e.g.,

④ A：他 姓 什么？
Tā xìng shénme?

B：他 姓 白，叫 白 大龙。
Tā xìng Bái, jiào Bái Dàlóng.

3 “是”字句 The 是-sentence

“是”字句是用动词“是”做谓语动词的句子。其基本格式是“主语＋是＋宾语”。主语和宾语可以是名词、代词、动词、形容词、数量词组、联合词组、“的”字结构等。例如：

A sentence with 是 (shì) as the predicate is known as a 是-sentence. The basic pattern is: “subject + 是 + object”. The subject and object of the 是-sentence may be a noun, a pronoun, a verb, an adjective, a numeral-measure word phrase, a coordinative phrase or a 的 (de) -structure, etc., e.g.,

① A：我 是 小丽。他们 是 我 的 爸爸（dad）、妈妈（mom）。
Wǒ shì Xiǎolì. Tāmen shì wǒ de bàba、 māma.

其否定形式是“主语＋不是＋宾语”。例如：

The negative form of a 是-sentence is: “subject ＋ 不是 (bú shì) ＋ object”, e.g.,

② 她 不 是 小丽。
Tā bú shì Xiǎolì.

③ 他们 不 是 大龙 和 小丽。
Tāmen bú shì Dàlóng hé Xiǎolì.

疑问形式是“主语 + 是 + 宾语 + 吗”或“主语 + 是不是 + 宾语”。例如：

The question form of a 是-sentence is: “subject + 是 (shì) + object + 吗 (ma) ” or “subject + 是不是 (shì bu shì) + object”, e.g.,

④ 她 是 小丽 吗？
Tā shì Xiǎolì ma?

⑤ 她 是 不 是 小丽？
Tā shì bu shì Xiǎolì?

4 形容词谓语句 The sentence with an adjectival predicate

形容词谓语句是形容词做谓语，描述主语“怎么样”的句子。例如：

A sentence with an adjectival predicate is the one with an adjective as the predicate to describe “how” the subject is, e.g.,

① 你 好 吗？
Nǐ hǎo ma?

② 他 很 高。
Tā hěn gāo.

形容词一般不单独做谓语，如果单独做谓语，前面常带副词“很”，否则表示对举的意思。例如：

An adjective usually doesn’t serve as a predicate by itself. If it does, it is often preceded by the adverb 很 (hěn) . Otherwise, it indicates a contrast, e.g.,

③ 他们 都 很 高。
Tāmen dōu hěn gāo.

④ 大龙 高，大卫 不 高。
Dàlóng gāo，Dàwèi bù gāo.

五 学习后任务 REVIEW TASKS

1 这些是什么 What are these

两人活动：汉语中有些词语的发音和英文差不多，这就是音译词。请你快读下面这些词语，并猜猜这些词的英文意思。

Pair work: Some Chinese words are translated from English pronunciations, which are known as transliteration. Read the following words quickly and guess their English meanings.

中文 Chinese	拼音 *pinyin*	英文 English
巧克力	qiǎokèlì	
可口可乐	kěkǒukělè	
咖啡	kāfēi	
香槟	xiāngbīn	
托福	Tuōfú	
白兰地	báilándì	
沙发	shāfā	
麦克风	màikèfēng	
比基尼	bǐjīní	
派对	pàiduì	

2 介绍一位朋友 Introduce a friend

调查活动：请采访2～3位朋友，在下面的表格里记录下他们的姓、名字和外貌特点，然后向全班同学介绍。

Investigation: Please interview 2 to 3 of your friends and fill in the following form wich their surnames, given names and appearance. Then make a presentation to the class.

	姓 Surname	名字 Given name	外貌特点 Appearance
1			
2			
3			

六 自我评估 SELF-EVALUATION

1 你认识这些生词吗 Do you know these new words

请在你认识的生词前面打✓，然后数一下你认识的生词数。

Please tick ✓ before the words you know, and then count them.

□你	□您	□我	□他	□她	□们	
□好	□高	□矮	□可爱	□聪明	□高兴	□漂亮
□很	□不	□吗	□也	□都		
□叫	□什么	□名字	□贵姓	□认识		
□谢谢	□再见	□不客气				

认识 20~26 个：太棒了！ ☀☀☀☀☀
Knowing 20-26 words: Wonderful!

认识 10~19 个：不错，要更加努力。 ☀☀☀
Knowing 10-19 words: Good. Please make more efforts.

认识 10 个以下：得复习复习。加油啊！ ☀
Knowing fewer than 10 words: Please review the lesson. Come on!

2 做一做，练一练 Do the following exercises

（1）请写出答句。
Please write the answers.

① A：你 好！
Nǐ hǎo!
B：________！

② A：您 贵姓？
Nín guìxìng?
B：________________。

③ A：你 好 吗？
Nǐ hǎo ma?
B：______________。

(2) 请选择合适的词填写在下面的横线上。
Choose a proper word to write on the line.

A. 很 hěn　　B. 是 shì　　C. 也 yě

① 他 ________ Beckham，他 ________ 高，也 ________ 帅。
Tā ________ Beckham，tā ________ gāo，yě ________ shuài.

② A：认识 你 ________ 高兴。
Rènshi nǐ ________ gāoxìng.

B：我 ________ 高兴。
Wǒ ________ gāoxìng.

3 选一选，测一测 Choose and test

① A：你 好！
Nǐ hǎo!

B：我 很 好！
Wǒ hěn hǎo!

√→ ③

×→ ②

② A：您 贵姓？
Nín guìxìng?

B：我 姓 白。
Wǒ xìng Bái.

√→ ④

×→ ⑤

③ A：你 好 吗？
Nǐ hǎo ma?

B：我 很 好。
Wǒ hěn hǎo.

√→ ②

×→ ④

④ A：你 很 漂亮！
Nǐ hěn piàoliang!

B：哪里，哪里。
Nǎli, nǎli.

√→ A

×→ ⑤

⑤ A：你 姓 什么？
Nǐ xìng shénme?

B：我 姓 白。
Wǒ xìng Bái.

√→ A

×→ B

A. 很好。Very good. ☀☀☀☀☀

B. 马马虎虎，请继续努力。Passable. Please make more efforts. ☀☀☀

十 文化小贴士 CULTURAL NOTES

（一）你知道吗 Do You Know

中国人的姓名文化 The Culture of Chinese Names

中国人姓在前，名在后。姓跟父辈的姓一样，名字多取比较吉祥的字和意思。比如男人的名字常常用“强、亮、刚、海”等带有广阔、强壮之义的汉字，女人的名字常常用“丽、燕、月、美”等带有温柔、美丽之义的汉字。中国人的姓加名多为两个字或三个字，也有少数复姓，如“欧阳、上官”等。

Chinese surname is stated before the given name. A child derives his surname from his father. Characters with auspicious meanings are often used in given names. For example, characters indicating broadness and strength are often used in men's names, such as 强(qiáng), 亮(liàng), 刚(gāng) and 海(hǎi), etc. Characters indicating sweetness and beauty are often used in women's names, such as 丽(lì), 燕(yàn), 月(yuè) and 美(měi) etc. A Chinese name often consists of two or three characters. Nevertheless, there are also compound surnames with two characters, such as 欧阳(Ōuyáng) and 上官(Shàngguān).

（二）图片看中国 China in Pictures

A：吃 了 吗？
Chī le ma?

B：吃 了，来 遛 个 弯儿。
Chī le, lái liù ge wānr.

A：Did you have your meal?

B：Yes, I'm out for a walk.

龙的繁体字
lóng de fántǐzì

Traditional character of 龙(dragon)

李小龙， 功夫巨星
Lǐ Xiǎolóng, gōngfu jùxīng

Bruce Lee, a film star known for his kung fu

第二单元
Unit 2

谈年龄和属相
Talking about Age and Animal Signs

话题 **Topic**	谈年龄和属相 Talking about age and animal signs
任务目标 **Instructional Objectives**	能用正确的方式问答不同人物的年龄和属相，学会问答数字 Students can ask and answer questions about one's age and animal sign in correct ways, and can ask and answer questions about numbers.
重点词语 **Key Words**	多 duō、大 dà、岁 suì、属 shǔ、数字 shùzì
重点语句 **Key Sentences**	1. 你多大？ Nǐ duō dà? 2. 我 24 岁。 Wǒ èrshísì suì. 3. 你属什么？ Nǐ shǔ shénme? 4. 哪里，哪里！ Nǎli，nǎli!
语法点 **Grammar Points**	1. 数字　Numbers 2. 名词谓语句（1）　The sentence with a nominal predicate (1)

导入 WARM-UP

你知道班级里谁年纪最小吗？你知道你属什么吗？

Do you know who is the youngest in your class? Do you know your animal sign?

一 头脑风暴 BRAINSTORM

数字思维导图 Mind map of numbers

shǔxiang 属相 Animal Signs — niánlíng 年龄 Age — shùzì 数字 Numbers

shǔxiang 属相 Animal Signs

shǔ	鼠	mouse
niú	牛	cow
hǔ	虎	tiger
tù	兔	rabbit
lóng	龙	dragon
shé	蛇	snake
mǎ	马	horse
yáng	羊	sheep
hóu	猴	monkey
jī	鸡	rooster
gǒu	狗	dog
zhū	猪	pig

shùzì 数字 Numbers

yī 一 one	èr 二 two	sān 三 three	sì 四 four	wǔ 五 five
liù 六 six	qī 七 seven	bā 八 eight	jiǔ 九 nine	líng 零 zero

shí 十 ten	bǎi 百 hundred	qiān 千 thousand	wàn 万 ten thousand	yì 亿 hundred million

diànhuà hàomǎ 电话 号码 Phone number	86-10-82301234
chēpáihào 车牌号 License plate number	
fángjiānhào 房间号 Room number	
hùzhàohào 护照号 Passport number	2240389671 

一 生词总动员 WORD POWER

1 读数字 Read the numbers

两人活动 听录音，并大声读出这些数字。

Pair work: Listen to the recording and read the following numbers.

0	1	2	3	4	5	6	7	8	9
零/〇	一	二	三	四	五	六	七	八	九
líng	yī	èr	sān	sì	wǔ	liù	qī	bā	jiǔ

10	11	12
十	十一	十二
shí	shíyī	shí'èr
20	21	22
二十	二十一	二十二
èrshí	èrshíyī	èrshí'èr
90	91	92
九十	九十一	九十二
jiǔshí	jiǔshíyī	jiǔshí'èr
100	101	109
一百	一百零一	一百零九
yìbǎi	yìbǎi líng yī	yìbǎi líng jiǔ
110	120	199
一百一十	一百二十	一百九十九
yìbǎi yīshí	yìbǎi èrshí	yìbǎi jiǔshíjiǔ
1001	1010	1011
一千零一	一千零一十	一千零一十一
yìqiān líng yī	yìqiān líng yīshí	yìqiān líng yīshíyī
1020	1121	10000
一千零二十	一千一百二十一	一万
yìqiān líng èrshí	yìqiān yìbǎi èrshíyī	yíwàn

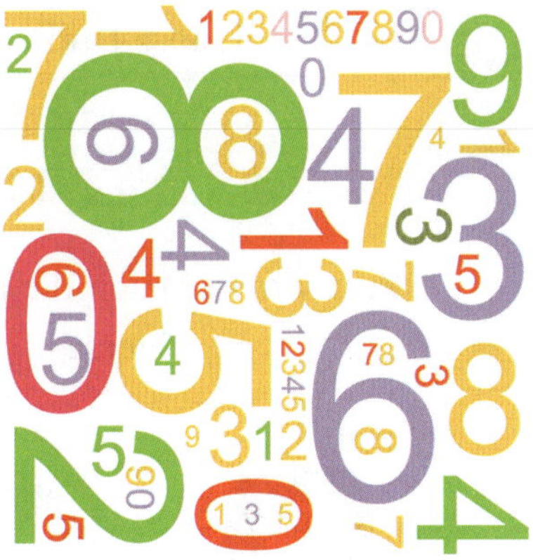

分组比赛 逢7和7的倍数拍手。教师说1，全班同学依次数1、2、3、4、5、6、7……14、15，说到7和14的同学不说数字，只拍手，后面的同学接着说其他数字。如果说错了，请大声说绕口令“四是四，十是十，十四是十四，四十是四十”。

Group competition: Applaud on hearing 7 and the multiple of 7. The teacher says 1 and each student of the class counts from 1 to 15 one by one. Student No. 7 and Student No. 14 applaud without saying the number and the following students say the rest numbers. Those who make a mistake will speak the tongue-twister loudly: sì shì sì, shí shì shí, shísì shì shísì, sìshí shì sìshí.

2 猜年龄 Guess their age

两人活动 请将下面的人物与合适的年龄连起来，然后说说这些人的年纪。

Pair work: Match the age with each of the following people Then say how old they are in Chinese.

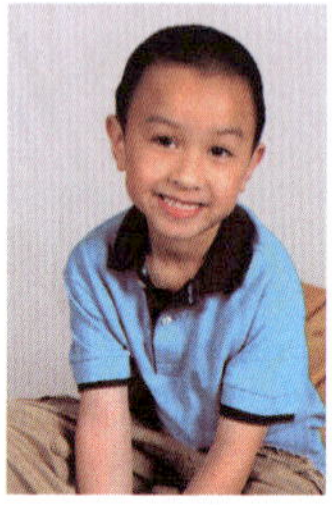

A. 1 岁
yī suì

B. 7 岁
qī suì

C. 19 岁
shíjiǔ suì

D. 40 岁
sìshí suì

E. 62 岁
liùshí'èr suì

例

他/她 20 岁。
Tā / Tā èrshí suì.

小组活动： 四人一组，互相介绍自己的年龄，然后找出小组中年龄最大和最小的人，并向全班同学介绍。

Group activity: Form groups of four and tell your age to others. Then find the oldest and the youngest people in your group and make a presentation to the class.

姓名 Name	年龄 Age

3 说说动物名称 Tell the names of the animals

两人活动： 下面这些动物是中国的12个属相，你知道这些动物的名称吗？请听录音，说说这些动物的名称。

Pair work: The following pictures are the twelve Chinese animal signs. Do you know their names? Listen to the recording and tell their names.

鼠
shǔ

牛
niú

虎
hǔ

兔
tù

龙
lóng

蛇
shé

马
mǎ

羊
yáng

猴
hóu

鸡
jī

狗
gǒu

猪
zhū

两人活动 你知道下面这些常见动物的名称吗？请查词典或问老师，将它们的名称写在图片下面的横线上，然后介绍给你的同学。你还喜欢什么动物？请在横线上补充。

Pair work: Do you know the names of these animals? Write their Chinese names on the lines after looking them up in your dictionary or consulting your teacher. Then report to your classmates. What other animals do you like? Please add their names on the line.

例 这是……。

Zhè shì…….

生词大盘点 VOCABULARY LIST

1	这	zhè	代	this
2	那	nà	代	that
3	妈	mā	名	mother
4	爸	bà	名	father
5	阿姨	āyí	名	aunt
6	真	zhēn	副	really
7	不	bù	副	no, not
8	年轻	niánqīng	形	young
9	多大	duō dà		how old
	多	duō	副	how
	大	dà	名	age
10	岁	suì	量	*measure word for years* (*of age*)
11	年	nián	量/名	*measure word for years*; year
12	出生	chūshēng	动	to be born
13	属	shǔ	动	to be born in the year (of a zodiac animal)
14	年纪	niánjì	名	age
15	猜	cāi	动	to guess
16	觉得	juéde	动	to feel
17	左右	zuǒyòu	名	about, approximate
18	对	duì	形	right, yes
19	的	de	结构助词	of
20	多少	duōshao	代	how many, how much
21	哪	nǎ	代	which

数　词　Numerals

1	一	yī	one
2	二	èr	two
3	三	sān	three
4	四	sì	four
5	五	wǔ	five
6	六	liù	six
7	七	qī	seven
8	八	bā	eight
9	九	jiǔ	nine
10	十	shí	ten
11	零/〇	líng	zero
12	百	bǎi	hundred
13	千	qiān	thousand
14	万	wàn	ten thousand
15	几	jǐ	how many (num<10)

十二属相　12 Animal Signs

1	鼠	shǔ	名	mouse
2	牛	niú	名	cow
3	虎	hǔ	名	tiger
4	兔	tù	名	rabbit
5	龙	lóng	名	dragon
6	蛇	shé	名	snake
7	马	mǎ	名	horse
8	羊	yáng	名	sheep
9	猴	hóu	名	monkey
10	鸡	jī	名	rooster
11	狗	gǒu	名	dog
12	猪	zhū	名	pig

二 任务及活动 TASKS AND ACTIVITIES

（一）任务示范 Task Demonstration

故事场景 小丽带大龙回到家，向妈妈介绍大龙。

The scene of the story: Xiaoli took Dalong home and introduced him to her mother.

小丽： 妈，这 是 大龙。
Xiǎolì: Mā, zhè shì Dàlóng.

张妈： 你 好，大龙。认识 你 很 高兴！
Zhāng mā: Nǐ hǎo, Dàlóng. Rènshi nǐ hěn gāoxìng!

大龙： 我 也 很 高兴。阿姨，您 很 年轻！
Dàlóng: Wǒ yě hěn gāoxìng. Āyí, nín hěn niánqīng!

张妈： 哪里，哪里！大龙，你 多 大？
Zhāng mā: Nǎli, nǎli! Dàlóng, nǐ duō dà?

大龙： 我 22 岁。
Dàlóng: Wǒ èrshí'èr suì.

张妈： 你 1988 年 出生，属 龙。
Zhāng mā: Nǐ yī jiǔ bā bā nián chūshēng, shǔ lóng.

大龙： 属 龙？ 是，我 叫 白 大龙。
Dàlóng: Shǔ lóng? Shì, wǒ jiào Bái Dàlóng.

（二）分步任务活动 Implement Tasks Step by Step

1 问年龄 Ask someone's age

两人活动 请看图，听录音并模仿下列几种场景中中国人问答年龄的方式。

Pair work: Look at the pictures, listen to the recording and imitate how Chinese people ask one's age and answer the questions.

A：你 多 大？
Nǐ duō dà?

B：我 18 岁。你 呢？
Wǒ shíbā suì. Nǐ ne?

A：我 也 18 岁。
Wǒ yě shíbā suì.

A：你 几 岁？
Nǐ jǐ suì?

B：我 6 岁。
Wǒ liù suì.

A：您 多 大 年纪？
Nín duō dà niánjì?

B：我 40 岁。
Wǒ sìshí suì.

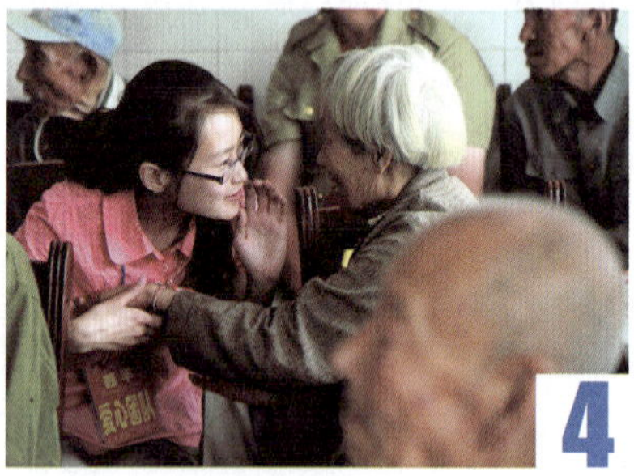

A：您 高寿？
Nín gāoshòu?
(*polite inquiry of an old person's age*)

B：我 98。
Wǒ jiǔshíbā.

两人活动 请根据抽签抽到的任务场景表演询问年龄。

Pair work: Ask questions about one's age and answer the questions based on the situation decided by lot.

2 名人八卦——猜年龄 Gossip celebrities — guess their age

两人活动 年龄是名人的秘密。请你们两人一组，猜猜这些名人的年龄。

Pair work: Age is a secret of celebrities. Work in pairs and guess these people's age.

成 龙
Chéng Lóng

姚 明
Yáo Míng

哈利·波特
Hālì Bōtè

林妙可
Lín Miàokě

章 子怡
Zhāng Zǐyí

例

A：你 猜 她 多 大？
Nǐ cāi tā duō dà?

B：我 觉得 她 30 岁 左右。
Wǒ juéde tā sānshí suì zuǒyòu.

小组活动 猜猜我多大。四人一组，一人说出自己的年龄范围，其他三人根据这个年龄范围猜测他/她的年龄。先猜对者获胜。然后每组派一名代表向全班同学汇报。

Group activity: Guess how old I am. Form groups of four. One tells his/her age range, and the other three guess his/her age. The one who first guesses right wins the game. Then make a presentation to the class.

姓名 Name	年龄 Age

例

A：我 20 岁 左右。
Wǒ èrshí suì zuǒyòu.

B：你 21 岁 吗？
Nǐ èrshíyī suì ma?

A：我 不是 21 岁。
Wǒ bú shì èrshíyī suì.

C：你 22 岁 吗？
Nǐ èrshí'èr suì ma?

A：对，我 22 岁。
Duì, wǒ èrshí'èr suì.

3 猜属相 Guess their animal signs

两人活动 请看下图各公历年和属相之间的对应关系，然后在横线上再写一个公历年，并向全班汇报。

Pair work: Look at the following pictures, and find the relationship between the year and one's animal sign. Fill the corresponding year in the blank and make a presentation to the class.

鼠 shǔ

1948, 1960, 1972
1984, 1996, 2008

牛 niú

1949, 1961, 1973
1985, 1997, 2009

虎 hǔ

1950, 1962, 1974
1986, 1998, 2010

兔 tù

1951, 1963, 1975
1987, 1999, 2011

龙 lóng

1952, 1964, 1976
1988, 2000, ____

蛇 shé

1953, 1965, 1977
1989, 2001, ____

马 mǎ

1954, 1966, 1978
1990, 2002, ____

羊 yáng

1955, 1967, 1979
1991, 2003, ____

猴 hóu

1956, 1968, 1980
1992, 2004, ____

鸡 jī

1957, 1969, 1981
1993, 2005, ____

狗 gǒu

1958, 1970, 1982
1994, 2006, ____

猪 zhū

1959, 1971, 1983
1995, 2007, ____

例

2010 年是虎年。
Èr líng yī líng nián shì hǔnián.

小组比赛 请参照上表和下图中名人的出生年，说说他们的年龄和属相。比比哪个组说得又快又准。

Group competition: Tell the age and animal signs of the following celebrities referring to the above table and the years in which they were born. Determine which group speaks both quickly and correctly.

周 杰伦
Zhōu Jiélún
1979

张 娜拉
Zhāng Nàlā
1981

刘 翔
Liú Xiáng
1983

比尔 · 盖茨
Bǐ'ěr · Gàicí
1955

例

白 大龙 1988 年 出生， 属 龙， 今年 22 岁。
Bái Dàlóng yī jiǔ bā bā nián chūshēng, shǔ lóng, jīnnián èrshí'èr suì.

4 制作个人信息卡 Make one's personal information card

两人活动 下面是一个人的信息卡，卡上有很多号码，请你边听录音边记录相关的数字信息，然后两人一组，就这些号码提问。

Pair work: The following is a personal information card on which there are many numbers. Please listen to the recording while writing down the information about the numbers and then work in pairs to raise questions on them.

① 姓名 (Name)：李 伟
xìngmíng Lǐ Wěi

② 年龄 (Age)：_____岁
niánlíng suì

③ 电话 号码 (Phone number)：______________
diànhuà hàomǎ

④ 身份证号 (ID)：______________
shēnfènzhènghào

⑤护照号 (Passport number): ______________
hùzhàohào

⑥车牌号 (License plate number): ______________
chēpáihào

⑦门牌号 (Room number): ______________
ménpáihào

例

A: 他 的 电话 号码 是 多少?
Tā de diànhuà hàomǎ shì duōshao?

B: 他 的 电话 号码 是 82303671。
Tā de diànhuà hàomǎ shì bā èr sān líng sān liù qī yāo.

两人活动 互相采访，为对方做一张信息卡，然后向全班同学介绍。

Pair work: Interview each other. Make an information card for your partner, and then report to the class.

①姓名 (Name): ______________________________
xìngmíng

②年龄 (Age): ______________________________
niánlíng

③电话 号码 (Phone number): ______________________________
diànhuà hàomǎ

④身份证号 (ID): ______________________________
shēnfènzhènghào

⑤护照号 (Passport number): ______________________________
hùzhàohào

⑥车牌号 (License plate number): ______________________________
chēpáihào

⑦门牌号 (Room number): ______________________________
ménpáihào

（三）综合任务活动 Comprehensive Tasks

1 问答年龄 Ask / tell one's age

表演活动：在中国，年龄是初次见面时谈论的重要话题之一。请你和同学四人一组，分别扮演父母、孩子，以及孩子的男/女朋友，表演孩子第一次带男/女朋友回家的情景。

Role playing: In China, age is one of the important topics for people meeting for the first time. Form groups of four with your classmates to act as if you are the parents, the child and the child's boyfriend/girlfriend. The child is taking her/his boyfriend/girlfriend home for the first time.

A—孩子（child）　　B—男／女朋友（boyfriend/girlfriend）
C—爸爸（father）　　D—妈妈（mother）

例

A：爸，妈，我 来 介绍 一下，这 是________。
Bà，mā，wǒ lái jièshào yíxià，zhè shì________.

B：叔叔（uncle）、阿姨 好！
Shūshu、 āyí hǎo！

C：你 好！
Nǐ hǎo！

D：你 真__________！
Nǐ zhēn__________！

B：谢谢 阿姨！
Xièxie āyí！

D：你 父母（parents） 多 大 年纪 了？
Nǐ fùmǔ duō dà niánjì le？

B：我 爸爸__________，我 妈妈__________。
Wǒ bàba__________，wǒ māma__________.

D：哦（*interjection*），你 属 什么？
Ò，nǐ shǔ shénme？

B：我 属__________，今年________岁。
Wǒ shǔ__________，jīnnián________suì.

2 有缘千里来相会 Predestination brings people together who were a thousand miles apart

调查活动 找出班级里跟你同一个属相的同学，和你组成一组，然后由你们中的一位向大家介绍自己的年龄和属相。

Investigation: Find classmates who have the same animal sign as you and form a group. Ask one of your group mem bers to report his/her age and animal sign to the class.

姓名 Name	出生年 Year of birth	属相 Animal sign

例

（1）调查 Investigation

A：你 哪 年 出生？
Nǐ nǎ nián chūshēng?

B：我 ________ 年 出生。
Wǒ ________ nián chūshēng.

A：你 属 什么？
Nǐ shǔ shénme?

B：我 属 ____________。
Wǒ shǔ ____________.

（2）汇报 Presentation

我们 都 是 ______ 出生，属 ______，______ 岁。
Wǒmen dōu shì ______ chūshēng, shǔ ______, ______ suì.

3 制作班级通讯录 Make an address book of the class

班级活动 请在规定时间内调查尽可能多的同学，获得他们的电话号码；然后向全班同学汇报，看调查结果是否一致；最后全班同学合作制作出一份班级通讯录。

Class activity: Survey your classmates as many as possible to get their telephone numbers within the given time. Then report to your class and check the result. Finally, make an address book of the class.

序号 No.	姓名 Name	电话 Telephone
1		
2		
3		
4		
5		
6		

4 名人聚会 Celebrities' party

调查活动 假设所有名人因参加一个晚会而住在同一间酒店里。请你根据老师发给你的信息卡扮演这位名人；并在规定的时间内，采访尽可能多的其他"名人"，记录下他们的信息；最后请向全班同学汇报你认识的"大名人"。

Investigation: Suppose some celebrities participated in a party and all stayed in the same hotel. Please act as if you were one of them based on the information card given by the teacher. Interview other celebrities and write down the information about them within the given time. Finally, make a presentation on the celebrities you know to the class.

姓名 Name	出生年 Year of birth	属相 Animal sign	电话号码 Phone number	房间号 Room number

例

（1）调查 Investigation

A：您 好！我 是 ________，你是 ________________？
Nín hǎo! Wǒ shì ________， nǐ shì ________________？

B：您 好！我 是________。认识 你 很 高兴。
Nín hǎo! Wǒ shì________. Rènshi nǐ hěn gāoxìng.

A：你哪 年 出生？
Nǐ nǎ nián chūshēng?

B：我 ________ 出生，属 ________。你 呢？
Wǒ ________ chūshēng，shǔ ________. Nǐ ne?

A：________________。你 的 电话 号码 是 多少？
________________. Nǐ de diànhuà hàomǎ shì duōshao?

B：我 的 电话 号码 是 ________________。你 的 呢？
Wǒ de diànhuà hàomǎ shì ________________. Nǐ de ne?

A：我 的 电话 号码是________________。你 的 房间号 是 多少？
Wǒ de diànhuà hàomǎ shì________________. Nǐ de fángjiānhào shì duōshao?

B：我 的 房间号 是 ________________。
Wǒ de fángjiānhào shì ________________.

（2）汇报 Presentation

我 认识________，他________ 出生，属 ________。
Wǒ rènshi________， tā________chūshēng，shǔ________.
他的 电话 号码 是________________，房间号 是 ________。
Tā de diànhuà hàomǎ shì ________________，fángjiānhào shì ________.

5 学习常用称呼 Study common appellations

两人活动 下面的对话中包括了一些地道的汉语称呼，请听录音并看图模仿表演。

Pair work: The following conversation includes idiomatic Chinese appellations. Please listen to the recording, look at the pictures and act them out.

① A：爸，早 (morning)。
Bà, zǎo.

B：早。
Zǎo.

② A：王 (*a Chinese surname*) 爷爷 (grandpa) 好！
Wáng yéye hǎo!

B：小明 (*a Chinese girl's name*)，你 好！
Xiǎomíng, nǐ hǎo!

③ A：阿姨 好！
Āyí hǎo!

B：你 好，真 可爱 (lovely)！
Nǐ hǎo, zhēn kě'ài!

④ A：小朋友 (kid)，你 几 岁？
Xiǎopéngyǒu, nǐ jǐ suì?

B：我 3 岁。
Wǒ sān suì.

⑤ A：张 小姐 (Miss)，谢谢。
Zhāng xiǎojie, xièxiè.

B：不 客气。
Bú kèqi.

⑥ A：先生 (sir)，对不起！
Xiānsheng, duìbuqǐ!

B：没 关系。
Méi guānxi.

四 语法点注释 GRAMMAR NOTES

1 数字 Numbers

（1）基本数字：Basic numbers:

一	二	三	四	五	六	七	八	九	十
yī	èr	sān	sì	wǔ	liù	qī	bā	jiǔ	shí
one	two	three	four	five	six	seven	eight	nine	ten

（2）大数目：Large numbers:

十	二十	三十	四十	五十	六十	七十	八十	九十
shí	èrshí	sānshí	sìshí	wǔshí	liùshí	qīshí	bāshí	jiǔshí
ten	twenty	thirty	forty	fifty	sixty	seventy	eighty	ninety

一百	一千	一万
yìbǎi	yìqiān	yíwàn
one hundred	one thousand	ten thousand

（3）基本数字单位：Basic numeral units:

万	千	百	十
wàn	qiān	bǎi	shí
ten thousand	thousand	hundred	ten

中文数目每 4 位数为一个新单元。

For Chinese numbers, every four digits make up a unit.

换算：Conversion:

1, 0000	一万	yíwàn
10, 0000	十万	shíwàn
100, 0000	一百万	yìbǎi wàn
1000, 0000	一千万	yìqiān wàn
1, 0000, 0000	一亿	yíyì

（4） “一”的发音 The pronunciation of 一

数数或排序的时候，用“一(yī)”，如“第一、第二、第三……”；连续读单个数字的组合时，用“yī”或“yāo”都可以，如“105 房间”读成“yī líng wǔ fángjiān”或“yāo líng wǔ fángjiān”都可以；电话号码 82301167 读成“bā èr sān líng yī yī liù qī”或“bā èr sān líng yāo yāo liù qī”都可以。

一(yī) is used to count numbers or arrange the sequence of numbers, for example, 第一(dì yī), 第二(dì èr), 第三(dì sān); yāo or yī is used when pronouncing a series of numbers, for example, 105 房间 can be read as yī líng wǔ fángjiān or yāo líng wǔ fángjiān. The telephone number 82301167 is read as bā èr sān líng yī yī liù qī or bā èr sān líng yāo yāo liù qī.

（5）辨析："二"和"两"　Discrimination: 二 and 两

数数或排序的时候，用"二"，如"第一、第二、第三"；作为起始数用在量词前的时候，用"两"，如"两个人、两点、两块钱"。

二(èr) is used to count numbers or arrange the sequence of numbers, for example, 第一(dì yī), 第二(dì èr), 第三(dì sān); when used as the starting number before a measure word, 两 is used, for example, 两个人(liǎng ge rén), 两点(liǎng diǎn), 两块钱(liǎng kuài qián).

2 名词谓语句（1） The sentence with a nominal predicate（1）

在汉语里，名词可以做谓语，这样的句子叫名词谓语句。常做谓语的名词包括年龄、日期、国别、姓名等。例如：

In Chinese, a noun can serve as a predicate. Such a sentence is known as the sentence with a nominal predicate. The nouns that are used as predicates often include those indicating age, date, nationality, name, etc., e.g.,

① 他 22 岁。
Tā èrshí'èr suì.

② 今天 8 号。
Jīntiān bā hào.

③ 我们 美国 人。
Wǒmen Měiguó rén.

④ 他 李 伟。
Tā Lǐ Wěi.

肯定句语序为"主语 S + 谓语 N"，意思是"S 是 N"。否定句语序为"主语 S + 不是 + 谓语 N"。例如：

The affirmative form of the sentence with a nominal predicate is "subject+nominal predicate", while the negative form is "subject + 不是(bú shì) + nominal predicate", e.g.,

⑤ 他 不是 22 岁。
Tā bú shì èrshí'èr suì.

⑥ 我 不是 美国 人。
Wǒ bú shì Měiguó rén.

五 学习后任务 REVIEW TASK

调查活动 请你就年龄这个话题采访身边的中国人（如中国同学），完成下面的表格（最好对你的采访过程进行录音），然后向全班同学展示、汇报你的采访成果。

Investigation: Interview some Chinese around you (e.g. your Chinese classmates) and fill in the following form. (You had better record your interview.) Then, make a presentation to the class.

姓名 Name	年龄 Age	出生年 Year of birth	属相 Animal sign	称谓 Appellation	电话号码 Phone number

采访提示：
Use the following sentence patterns in your interview.

① 我 可以 采访 (to interview) 您 吗？
Wǒ kěyǐ cǎifǎng nín ma?

② 我 是________，今年________ 岁。
Wǒ shì ________, jīnnián________suì.

③ 请问 (Excuse me,.../ Can you tell me...?)，您 叫 什么 名字？/ 您 贵姓？
Qǐngwèn, nín jiào shénme míngzi?/ Nín guìxìng?

④ 您 多 大/ 多 大 年纪/ 高寿？
Nín duō dà/ duō dà niánjì/ gāoshòu?

⑤ 您 哪 年 出生？/ 您 属 什么？
Nín nǎ nián chūshēng?/ Nín shǔ shénme?

⑥ 您 的 电话 号码 是 多少？
Nín de diànhuà hàomǎ shì duōshao?

六 自我评估 SELF-EVALUATION

1 你认识这些生词吗 Do you know these new words

请在你认识的生词前面打✓，然后数一下你认识的生词数。

Please tick ✓ before the words you know, and count them.

□年级	□真	□年轻	□多大	□几	□岁
□这	□阿姨	□出生	□觉得	□左右	□属
□不	□猜	□龙			

认识 10 ~ 15 个：太棒了！
Knowing 10-15 words: Wonderful!

认识 5 ~ 10 个：不错，要更加努力。
Knowing 5-10 words: Good. Please make more efforts.

认识 5 个以下：得复习复习。加油啊！
Knowing fewer than 5 words: Please review the lesson. Come on!

2 做一做，练一练 Do the following exercises

（1）请写出答句。

Please write the answers.

① A：认识 你 很 高兴。
Rènshi nǐ hěn gāoxìng.

B：__________________。

② A：你 多 大？
Nǐ duō dà?

B：__________________。

③ A：你 属 什么？
Nǐ shǔ shénme?

B：__________________。

（2）请听录音，判断下面哪个数字正确。

Listen to the recording and decide which of the following numbers are right.

① A. 14　　B. 40

② A. 202　　B. 220

③ A. 111　　B. 101

④ A. 1019　　B. 1109

3 选一选，测一测 Choose and test

①A：您 高寿？
Nín gāoshòu?
B：我 12 岁。
Wǒ shí'èr suì.
√→ ③
×→ ②

②A：你 属 什么？
Nǐ shǔ shénme?
B：我 属 龙。
Wǒ shǔ lóng.
√→ ④
×→ ⑤

③A：你 几 岁？
Nǐ jǐ suì?
B：我 10 岁。
Wǒ shí suì.
√→ ②
×→ ④

④A：你 哪 年 出生？
Nǐ nǎ nián chūshēng?
B：我 1999 年 出生。
Wǒ yī jiǔ jiǔ jiǔ nián chūshēng.
√→ A
×→ ⑤

⑤A：阿姨，您 多 大 年纪？
Āyí, nín duō dà niánjì?
B：我 50 岁。
Wǒ wǔshí suì.
√→ A
×→ B

A．很好。Very good.

B．马马虎虎，请继续努力。Passable. Please make more efforts.

文化小贴士 CULTURAL NOTES

（一）你知道吗 Do You Know

中国的年龄文化与称谓 Chinese Age Culture and Forms of Address

年龄是中国人经常谈论的一个话题，人们也常常根据对方的年龄来选择交际用语，这一点在称谓方面尤为明显。中国人常用家庭亲属的称谓称呼他人或陌生人，这是一种常用的礼貌方式。比如，熟人之间常以“哥、姐”称呼比自己年龄大的人，如“李哥、王姐”，不认识的则称呼“大哥、大姐”。对于跟自己父母年龄相仿的人，常称呼“叔叔、阿姨”，对于跟自己爷爷、奶奶年龄相仿的人，常称呼“爷爷、奶奶”。现在，称呼年轻人多用“小姐、先生”等。与西方的称谓不同，中国人在亲属称谓前常加上对方的姓，如“李叔叔、王爷爷”等。

Age is a popular topic among Chinese. They often decide the language to be used in communication according to the other party’s age, especially in terms of appellations. Chinese often use titles of relatives to call others or strangers as a polite form of address. For example, they would call an acquaintance older than them as 哥（gē） or 姐（jiě）, such as 李哥（Lǐ gē） or 王姐（Wáng jiě）, while they refer to a stranger as 大哥（dàgē）or 大姐（dàjiě）. People of one’s parents’ generation are known as 叔叔（shūshu） or 阿姨（āyí）, while those of one’s grandparents’ generation are known as 爷爷（yéye） or 奶奶（nǎinai）. Nowadays, young people are addressed as 小姐（xiǎojie） or 先生（xiānsheng）. In contrast to the appellations in Western countries, a person’s surname is often used before the appellation for relatives in Chinese, for example, 李叔叔（Lǐ shūshu）， 王爷爷（Wáng yéye）, etc.

（二）图片看中国 China in Pictures

中国的大数字 Large Numbers about China

2011年中国的人口：13,3972,4852
èr líng yī yī nián Zhōngguó de rénkǒu:
shísān yì sānqiān jiǔbǎi qīshí'èr wàn sìqiān bābǎi wǔshí'èr
1,339,724,852 Chinese population in 2011

故宫的房间：9999.5 个
Gù Gōng de fángjiān:
jiǔqiān jiǔbǎi jiǔshíjiǔ diǎn wǔ ge
9,999.5 rooms in the Imperial Palace

长城：8851.8 公里
Chángchéng:
bāqiān bābǎi wǔshíyī diǎn bā gōnglǐ
the Great Wall of 8, 851.8 km

第三单元
Unit 3

谈国籍和家乡
Talking about Nationality and Hometown

话题 Topic	谈国籍和家乡 Talking about nationality and hometown
任务目标 Instructional Objectives	能就国籍、家乡等问题进行问答和讨论 Students can ask and answer questions about their nationality and hometown.
重点词语 Key Words	哪 nǎ、国家 guójiā、人 rén、哪儿 nǎr、邻居 línjū、洲 zhōu
重点语句 Key Sentences	1. 你是哪国人？ Nǐ shì nǎ guó rén? 2. 你呢？ Nǐ ne? 3. 我以为你是亚洲人。 Wǒ yǐwéi nǐ shì Yàzhōu rén. 4. 你是哪儿人？ Nǐ shì nǎr rén? 5. 太好了！ Tài hǎo le! 6. 我们是邻居。 Wǒmen shì línjū.
语法点 Grammar Points	1. 特殊疑问句 Special question 2. “……呢”表省略 ……呢 indicating omission 3. “是”和“在”的区别 The difference between 是 and 在 4. “和”与“也”的区别 The difference between 和 and 也

导入 WARM-UP

请在世界地图上指出你的家在哪儿。
Please point out your hometown on the world map.

一 头脑风暴 BRAINSTORM

世界大洲、国家思维导图
Mind map of the continents and countries of the world

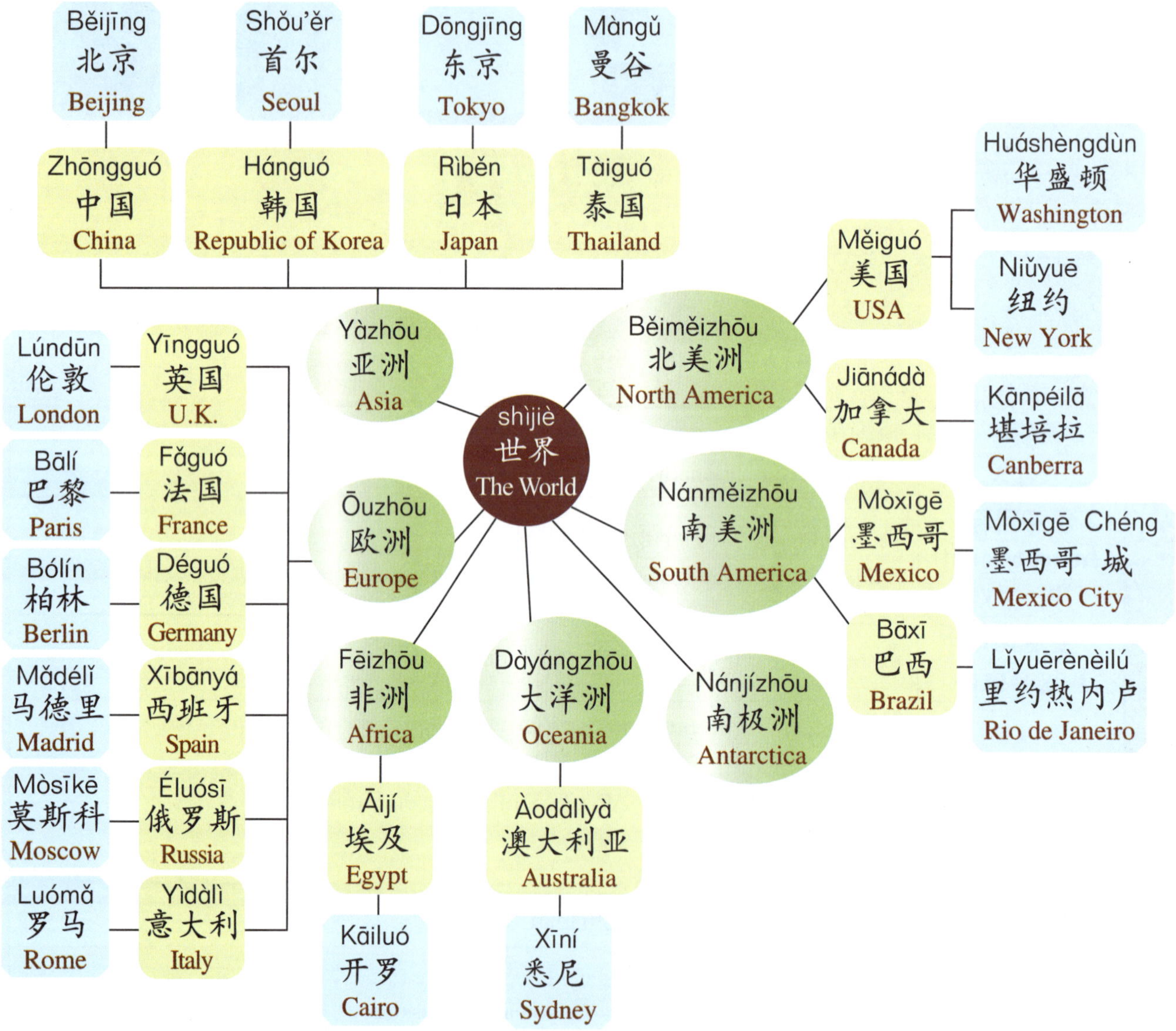

二 生词总动员 WORD POWER

1 国家和城市 Countries and cities

两人活动 请把城市和相应的国家连起来，然后向同学介绍。

Pair work: Please match the city with the corresponding country. And then present it to your classmates.

东京 Dōngjīng (Tokyo)		英国 Yīngguó (U.K.)
纽约 Niǔyuē (New York)		法国 Fǎguó (France)
伦敦 Lúndūn (London)		韩国 Hánguó (Republic of Korea)
巴黎 Bālí (Paris)	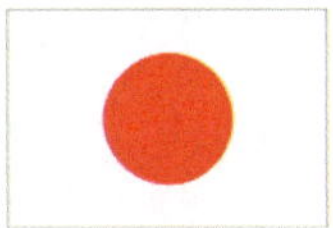	日本 Rìběn (Japan)
首尔 Shǒu'ěr (Seoul)		西班牙 Xībānyá (Spain)
马德里 Mǎdélǐ (Madrid)		意大利 Yìdàlì (Italy)
罗马 Luómǎ (Rome)		墨西哥 Mòxīgē (Mexico)
墨西哥城 Mòxīgē Chéng (Mexico City)		美国 Měiguó (U.S.A.)

例 北京 是 中国 的 大 城市。
Běijīng shì Zhōngguó de dà chéngshì.

2 猜国籍 Guess their nationality

两人活动 选择下图中人物的国家。

Pair work: Choose the nationality of the following people.

姚 明
Yáo Míng

☐ 日本 Rìběn
☐ 韩国 Hánguó
☐ 中国 Zhōngguó

披头士
Pītóushì

☐ 英国 Yīngguó
☐ 美国 Měiguó
☐ 意大利 Yìdàlì

罗纳尔迪尼奥
Luónà'ěrdíní'ào

☐ 墨西哥 Mòxīgē
☐ 巴西 Bāxī
☐ 西班牙 Xībānyá

比尔 · 盖茨
Bǐ'ěr · Gàicí

☐ 美国 Měiguó
☐ 英国 Yīngguó
☐ 泰国 Tàiguó

福原 爱
Fúyuán Ài

☐ 日本 Rìběn
☐ 韩国 Hánguó
☐ 新加坡 Xīnjiāpō

Rain

☐ 美国 Měiguó
☐ 日本 Rìběn
☐ 韩国 Hánguó

玛丽莲 · 梦露
Mǎlìlián · Mènglù

☐ 美国 Měiguó
☐ 泰国 Tàiguó
☐ 马来西亚 Mǎláixīyà

帕瓦罗蒂
Pàwǎluódì

☐ 法国 Fǎguó
☐ 意达利 Yìdàlì
☐ 西班牙 Xībānyá

例

大龙 来自 美国。
Dàlóng lái zì Měiguó.

小组活动 说说下面这些人是哪国人，然后跟另一组比赛，看看哪组猜对得多。

Group activity: Discuss which countries these people are from. Then compete with other groups to see who got the most right answers.

马 云
Mǎ Yún

贝克汉姆
Bèikèhànmǔ

大长今
Dàchángjīn

妮可
Nīkě

西部 牛仔
xībù niúzǎi

滨崎 步
Bīnqí Bù

例

A: 我 猜 他 是 中国 人。
Wǒ cāi tā shì Zhōngguó rén.

B: 我 觉得 他 是 日本 人。
Wǒ juéde tā shì Rìběn rén.

3 猜城市和家乡 Guess which cities and hometowns they are from

两人活动 看图，说说他们是哪儿的人。

Pair work: Look at the pictures and tell where they are from.

北京 Běijīng

上海 Shànghǎi

纽约 Niǔyuē

巴黎 Bālí

例 大龙 是 波士顿 人。
Dàlóng shì Bōshìdùn rén.

生词大盘点 VOCABULARY LIST

1	国	guó	名	country
2	国家	guójiā	名	country
3	人	rén	名	person, people
4	呢	ne	语气助词	*used at the end of an interrogative sentence*
5	真的	zhēn de		really
6	以为	yǐwéi	动	to think
7	哪儿	nǎr	代	where
8	太……了	tài……le		too…
9	邻居	línjū	名	neighbor
10	城市	chéngshì	名	city
11	谁	shéi / shuí	代	who
12	来自	lái zì		to come from
13	家乡	jiāxiāng	名	hometown
14	在	zài	介	at, on, in
15	同乡	tóngxiāng	名	person from the same hometown
16	说	shuō	动	to speak
17	……语	……yǔ		language

专有名词 Proper Noun

亚洲	Yàzhōu	Asia

三 任务及活动 TASKS AND ACTIVITIES

（一）任务示范 Task Demonstration

故事场景 大龙的中文班里有来自世界各地的同学，大龙跟他的同学美善在聊天儿。

The scene of the story: Dalong has classmates all over the world. He is chatting with his classmate Meishan now.

大龙：你好！我是大龙。
Dàlóng: Nǐ hǎo! Wǒ shì Dàlóng.

美善：我是美善。你是哪国人？
Měishàn: Wǒ shì Měishàn. Nǐ shì nǎ guó rén?

大龙：我是美国人。你呢？
Dàlóng: Wǒ shì Měiguó rén. Nǐ ne?

美善：我也是美国人。
Měishàn: Wǒ yě shì Měiguó rén.

大龙：真的？我以为你是亚洲人。
Dàlóng: Zhēn de? Wǒ yǐwéi nǐ shì Yàzhōu rén.

美善：也对，我爸爸是韩国人，妈妈是日本人，我在纽约出生。你呢？你是哪儿人？
Měishàn: Yě duì, wǒ bàba shì Hánguó rén, māma shì Rìběn rén, wǒ zài Niǔyuē chūshēng. Nǐ ne? Nǐ shì nǎr rén?

大龙：我是波士顿人。
Dàlóng: Wǒ shì Bōshìdùn rén.

美善：太好了！我们是邻居！
Měishàn: Tài hǎo le! Wǒmen shì línjū!

（二）分步任务活动 Implement Tasks Step by Step

1 问国籍和家乡 Ask one's nationality and hometown

两人活动：请听录音并模仿下列几种场景中中国人询问对方国籍和家乡的方式。

Pair work: Please listen to the recording and imitate how Chinese people ask the other party's nationality and hometown in the following situations.

1

A：你是哪国人？
Nǐ shì nǎ guó rén?

B：我是日本人。
Wǒ shì Rìběn rén.

2

A：你来自哪个国家？
Nǐ lái zì nǎge guójiā?

B：我来自美国。
Wǒ lái zì Měiguó.

3

A：你是哪儿人？
Nǐ shì nǎr rén?

B：我是北京人。
Wǒ shì Běijīng rén.

4

A：你的家乡在哪儿？
Nǐ de jiāxiāng zài nǎr?

B：我的家乡在上海。
Wǒ de jiāxiāng zài Shànghǎi.

两人活动：请根据抽签抽到的任务场景表演询问国籍和家乡。

Pair work: Please ask and answer questions about one's nationality and hometown according to the scene you drew by lot.

2 谈城市 Talk about cities

班级活动 学生分成两组，一组随机说出某个国家或某个城市，另一组快速抢答这个国家或城市在哪儿。如果在规定时间内没有答对，则由第一组给出正确答案。

Class activity: Divide the class into two groups. One group says a country or a city, while the other group quickly tells where the country or city is in the world. If the second group fails to give a right answer within the given time, then the first group gives the right answer.

例

① A: 中国 在 哪儿？
Zhōngguó zài nǎr?
B: 中国 在 亚洲。
Zhōngguó zài Yàzhōu.

② A: 北京 在 哪儿？
Běijīng zài nǎr?
B: 北京 在 中国。
Běijīng zài Zhōngguó.

小组活动 调查你的组员家乡在哪儿。

Group activity: Survey where your group members come from.

例

A: 你 的 家乡 在 哪儿？
Nǐ de jiāxiāng zài nǎr?
B: 我 的 家乡 在 北京。
Wǒ de jiāxiāng zài Běijīng.

3 猜猜你的同学是哪国人 Guess your classmates' nationality

小组活动 猜猜你的组员是哪国人，并向他们求证，最后将答案记录在下面的表格里。

Group activity: Guess which countries your group members come from, and then verify the answers. Finally write the answers in the following form.

姓名 Name	国籍 Nationality

例

① A：你 是 美国 人 吗？
Nǐ shì Měiguó rén ma?

B：对，我 是 美国 人。
Duì, wǒ shì Měiguó rén.

② A：你 是 美国 人 吗？
Nǐ shì Měiguó rén ma?

B：不 是，我 是 澳大利亚 人。
Bú shì, wǒ shì Àodàlìyà rén.

A：真 的？我 以为 你 是 美国 人。
Zhēn de? Wǒ yǐwéi nǐ shì Měiguó rén.

班级活动 请在规定的时间内，调查并记录全班同学的国籍，然后抢答老师的提问。

Class activity: Investigate your classmates' nationality and write them down within the given time. Then answer your teacher's questions as quickly as possible.

姓名 Name	国籍 Nationality

例

（1）调查：Survey:
A：你 是 哪 国 人？
Nǐ shì nǎ guó rén?

B：我 是 中国 人。你 呢？
Wǒ shì Zhōngguó rén. Nǐ ne?

A：我 是 韩国 人。
Wǒ shì Hánguó rén.

（2）抢答：Quiz show:
老师：谁 是 中国 人？
Shéi shì Zhōngguó rén?

学生：小丽 是 中国 人。
Xiǎolì shì Zhōngguó rén.

4 找同乡 Find the people from the same hometown

两人活动 信息差活动：找同乡。两人一组，分别拿下边的卡片 A 和卡片 B。两人互相提问，获得自己卡片中缺失的有关人物家乡的信息，然后看看哪些人是同乡，并向全班同学介绍你们的调查结果。

Pair work: An information gap activity: Find the people from the same hometown. Work in pairs. One holds Card A, and the other one holds Card B. Ask each other about the missing information in your card. Then find out who are from the same hometown, and then present the result to the class.

A

大龙 来 自 波士顿。 Dàlóng lái zì Bōshìdùn.	美善__________。 Měishàn
李 伟 是 上海 人。 Lǐ Wěi shì Shànghǎi rén.	查理__________。 Chálǐ
大卫 在巴黎 出生。 Dàwèi zài Bālí chūshēng.	张 丽__________。 Zhāng Lì
美美 是 曼谷 人。 Měiměi shì Màngǔ rén.	佳丽__________。 Jiālì
山本 是 东京 人。 Shānběn shì Dōngjīng rén.	卡米罗__________。 Kǎmǐluó

B

美善 来 自 纽约。 Měishàn lái zì Niǔyuē.	大龙__________。 Dàlóng
查理 在 伦敦 出生。 Chálǐ zài Lúndūn chūshēng.	李 伟__________。 Lǐ Wěi
张 丽 在 北京 出生。 Zhāng Lì zài Běijīng chūshēng.	大卫__________。 Dàwèi
佳丽 来 自 香港。 Jiālì lái zì Xiānggǎng.	美美__________。 Měiměi
卡米罗 是 马德里 人。 Kǎmǐluó shì Mǎdélǐ rén.	山本__________。 Shānběn

例

（1）询问：Inquiry:
A：大龙 是 哪儿 人？
Dàlóng shì nǎr rén?
B：大龙 是 波士顿 人。/ 大龙 在 波士顿 出生。/
Dàlóng shì Bōshìdùn rén. / Dàlóng zài Bōshìdùn chūshēng. /
大龙 来自 波士顿。
Dàlóng lái zì Bōshìdùn.

（2）介绍：Introduction:
大龙 和 美善 都 是 美国 人。/
Dàlóng hé Měishàn dōu shì Měiguó rén. /
大龙 和 美善 都 来 自 美国。
Dàlóng hé Měishàn dōu lái zì Měiguó.

5 用"……呢"玩接龙 Play a game using ……呢

班级活动：全班同学分为两组，按照一定的顺序进行接龙比赛。请先在组内进行自我介绍，并记住你们组组员的情况，然后进行比赛，看看哪组说得又快又好。

Class activity: Divide the class into two groups and do a tag game in sequence. Please make a self-introduction in turns in the group first and remember the information on other members. Then present it to the class. The group making the best presentation on the information on its members in the shortest period of time wins the activity.

姓名 Name	国家 Country	家乡 Hometown

例

（1）自我介绍：我叫大龙，我是美国华盛顿人。
Self-introduction: Wǒ jiào Dàlóng, wǒ shì Měiguó Huáshèngdùn rén.

（2）接　龙：①我叫大龙，你叫小丽，他呢？
The game: Wǒ jiào Dàlóng, nǐ jiào Xiǎolì, tā ne?

——他叫……，她呢？——她叫……。
——Tā jiào……, tā ne? ——Tā jiào…….

②我是美国人，你是……人，他呢？
Wǒ shì Měiguó rén, nǐ shì ……rén, tā ne?

——他是……人，她呢？——她是……人。
——Tā shì ……rén, tā ne? ——Tā shì …… rén.

③我是北京人，你是上海人，他呢？
Wǒ shì Běijīng rén, nǐ shì Shànghǎi rén, tā ne?

——他是……人，她呢？——她是……人。
——Tā shì ……rén, tā ne? ——Tā shì …… rén.

（三）综合任务活动 Comprehensive Tasks

1 同乡会 Gathering of people from the same hometown

表演活动 在开学第一个周末的聚会上，有来自不同国家和城市的同学。你想在聚会上找到一两个同乡。请按下面的提示表演。

Role playing: At the first weekend party, there are classmates from countries and cities around the world. You want to find one or two people from your hometown at the party. Please act it out using the following sentence patterns.

例

A：你 好！
Nǐ hǎo!

B：你 好！
Nǐ hǎo!

A：我 叫 ________，是 ________ 人，你 呢？
Wǒ jiào ________，shì ________ rén，nǐ ne?

B：真 的？我 也 是 ________ 人，你是 哪儿 人？
Zhēn de? Wǒ yě shì ________ rén，nǐ shì nǎr rén?

A：我 是 ________ 人，你 呢？
Wǒ shì ________ rén，nǐ ne?

B：我 是 ________ 人。
Wǒ shì ________ rén.

A：太好 了，我们 来自 同 一 个 国家 / 城市。
Tài hǎo le，wǒmen lái zì tóng yí ge guójiā / chéngshì.

2 谈谈这些东西是哪国的 Tell which country these things are from

两人活动 讨论这些东西是哪国的，然后向全班同学汇报。

Pair work: Discuss where these things are from, and then report to the class.

汽车 qìchē (car)

手机 shǒujī (cell phone)

香水 xiāngshuǐ (perfume)

电视 diànshì (TV)

电脑 diànnǎo (computer)

例

这 是 韩国 的。
Zhè shì Hánguó de.
这个 电视 是 韩国 的。
Zhège diànshì shì Hánguó de.

班级活动 介绍并记录一下彼此的手机、电脑、MP3、电视、汽车等是哪国生产的。最后通过介绍，比较一下全班同学用的东西，看看哪国货最多。如果遇到生词，请查词典或者问老师。

Class activity: Tell which countries your cell phone, computer, MP3, TV and car, etc. were made in, and then write them down. Find out which country's products are the most popular based on your classmates' presentation. If you come across a new word, please consult a dictionary or your teacher.

	手机 Cell phone	电脑 Computer	MP3	电视 TV	汽车 Car
同学1					
同学2					
同学3					
同学4					

例

询问：A：你 的 手机 是 哪 国 的？
Inquiry: Nǐ de shǒujī shì nǎ guó de?
B：我 的 手机 是 中国 的。
Wǒ de shǒujī shì Zhōngguó de.

3 听辨不同语言 Discriminate different languages

两人活动 录音里是各个国家“你好”的说法，请听录音，猜猜它们分别是哪国语言，然后介绍给大家。

Pair work: You will hear 你好 in different languages in the recording. Listen and guess which languages they are and then present to the class.

中国 (China)
Zhōngguó
中国人 (Chinese)
Zhōngguó rén
汉语 (Chinese)
Hànyǔ

美国 (U.S.A.)
Měiguó
美国人 (American)
Měiguó rén
英语 (English)
Yīngyǔ

英国 (U.K.)
Yīngguó
英国人 (Englishman)
Yīngguó rén
英语 (English)
Yīngyǔ

俄罗斯 (Russia)
Éluósī
俄罗斯人 (Russian)
Éluósī rén
俄语 (Russian)
Éyǔ

西班牙 (Spain)
Xībānyá
西班牙人 (Spanish)
Xībānyá rén
西班牙语 (Spanish)
Xībānyáyǔ

日本 (Japan)
Rìběn
日本人 (Japanese)
Rìběn rén
日语 (Japanese)
Rìyǔ

意大利 (Italy)
Yìdàlì
意大利人 (Italian)
Yìdàlì rén
意大利语 (Italian)
Yìdàlìyǔ

韩国 (Republic ofKorea)
Hánguó
韩国人 (Korean)
Hánguó rén
韩语 (Korean)
Hányǔ

法国 (France)
Fǎguó
法国人 (French)
Fǎguó rén
法语 (French)
Fǎyǔ

德国 (Germany)
Déguó
德国人 (German)
Déguó rén
德语 (German)
Déyǔ

例

中国 人 说 汉语。
Zhōngguó rén shuō Hànyǔ.

小组活动 四人一组，互相介绍自己说什么语言。找出组内使用最多的语言，然后向全班汇报，看看全班使用范围最广的语言是什么。

Group activity: Work in groups of four and tell each other the language you speak. Find the most widely used language in your group. Report the result to the class and find out the most popular language in your class.

例

（1）介绍：我 说 汉语，也 说 英语 和 西班牙语。
Introduction: Wǒ shuō Hànyǔ, yě shuō Yīngyǔ hé Xībānyáyǔ.

（2）汇报：我们 都 说 汉语。
Report: Wǒmen dōu shuō Hànyǔ.

小组活动 四人一组，每个同学用家乡话说“你好、谢谢你”，其他同学猜这个同学是哪国人或哪儿人。然后每组选一个代表，让全班同学猜他的国籍和家乡。

Group activity: Work in groups of four. Each student speaks 你好/谢谢你 in his native language and let others guess his mother country or hometown. Select a representative from each group and let the class guess his nationality and hometown.

姓名 Name	语言 Language	国籍 Nationality	家乡 Hometown

例

A: 你 是 不是 中国 人 / 上海 人？
Nǐ shì bu shì Zhōngguó rén / Shànghǎi rén?

B1: 我 是 中国 人 / 上海 人。
Wǒ shì Zhōngguó rén / Shànghǎi rén.

B2: 我 不 是 中国 人 / 上海 人。你 呢？你 是 不是……？
Wǒ bú shì Zhōngguó rén / Shànghǎi rén. Nǐ ne? Nǐ shì bu shì……?

A: ……

四 语法点注释 GRAMMAR NOTES

1 特殊疑问句 Special question

以"什么"、"谁"、"哪"、"哪儿"、"多少/几"等疑问代词引导的疑问句是特殊疑问句。例如：

A question using an interrogative pronoun like 什么 (shénme), 谁 (shéi), 哪 (nǎ), 哪儿 (nǎr) or 多少 (duōshao) / 几 (jǐ) is known as a special question, e.g.,

① 你 叫 什么 名字？ （提问姓名）
Nǐ jiào shénme míngzi? (Ask sb.'s name)

② 谁 是 美国 人？ （提问人）
Shéi shì Měiguó rén? (Ask about a person)

③ 你 是 哪 国 人？ （提问国家）
Nǐ shì nǎ guó rén? (Ask sb.'s nationality)

④ 你 去 哪儿？ （提问地点）
Nǐ qù nǎr? (Ask the place)

⑤ 你 多 大？ （提问年龄）
Nǐ duō dà? (Ask sb.'s age)

⑥ 多少 钱？ （提问钱数）
Duōshao qián? (Ask the sum of money)

2 "……呢"表省略 ……呢 indicating omission

在问句中，可以用"……呢"代替跟上文陈述内容一致的问题，要求对方回答相同的内容。例如：

……呢 (ne) can be used to substitute for what is stated before, asking the listener to give the corresponding answer, e.g.,

① A：我 叫 大龙，你 呢？ （提问姓名）
Wǒ jiào Dàlóng, nǐ ne? (Ask sb.'s name)

B：我 叫 小丽。
Wǒ jiào Xiǎolì.

② A: 我 是 美国 人，他 呢？（提问国家）
Wǒ shì Měiguó rén, tā ne? (Ask sb's nationality)
B: 他 是 中国 人。
Tā shì Zhōngguó rén.

③ A: 我们 都 是 北京 人，你们 呢？（提问家乡）
Wǒmen dōu shì Běijīng rén, nǐmen ne? (Ask sb's hometown)
B: 我们 都 是 上海 人。
Wǒmen dōu shì Shànghǎi rén.

3 “是”和“在”的区别 The difference between 是 and 在

“是”用于定义、鉴别身份，“在”用于明确地点和时间。例如：

是(shì) is used for definition or identification, while在(zài) is used to clarify the place or time, e.g.,

① 我 是 北京 人。
Wǒ shì Běijīng rén.

② 我 在 北京。
Wǒ zài Běijīng.

4 “和”与“也”的区别 The difference between 和 and 也

“和”与“也”都有连接的作用，“和”一般连接名词短语，“也”一般连接动词短语。例如：

Both 和(hé) and 也(yě) are used to link elements of a sentence. 和(hé) is generally used to link two noun phrases, while 也(yě) is used to link two verb phrases, e.g.,

① 我 说 英语 和 汉语。
Wǒ shuō Yīngyǔ hé Hànyǔ.

② 我 说 英语，也 说 汉语。
Wǒ shuō Yīngyǔ, yě shuō Hànyǔ.

五 学习后任务 REVIEW TASK

调查活动 采访你的同学和朋友，看看谁的家庭成员具有多个国籍，请记录在下表中，然后向全班同学汇报。

Investigation: Interview your classmates and friends to find out who has family members with multiple citizenships. Please write down the information in the following table and make a presentation to the class.

同学/朋友姓名 Your classmate's/friend's name	同学/朋友国籍 His/her nationality	爸爸国籍 His/her father's nationality	妈妈国籍 His/her mother's nationality	……
美善	美国	韩国	日本	

例

美善 是 美国 人，她爸爸 是 韩国 人，她 妈妈 是 日本 人。
Měishàn shì Měiguó rén, tā bàba shì Hánguó rén, tā māma shì Rìběn rén.

六 自我评估 SELF-EVALUATION

1 你认识这些生词吗 Do you know these new words

请在你认识的生词前面打√，然后数一下你认识的生词数。

Please tick √ before the words you know, and then count them.

□ 哪	□ 国家	□ 亚洲	□ 人	□ 邻居	□ 以为	□ 太
□ 城市	□ 呢	□ 猜	□ 说	□ 谁	□ 来自	□ 家乡
□ 同乡	□ 中国	□ 美国	□ 韩国	□ 日本	□ 汉语	□ 英语

认识 16～21 个：太棒了！
Knowing 16-21 words: Wonderful!

认识 8～15 个：不错，要更加努力。
Knowing 8-15 words: Good. Please make more efforts.

认识 8 个以下：得复习复习。加油啊！
Knowing fewer than 8 words: Please review the lesson. Come on!

2 做一做，练一练 Do the following exercises

请写出答句。
Please write the answers.

① A: 你 是 哪 国 人?
Nǐ shì nǎ guó rén?
B: ____________。

② A: 你 是 哪儿 人?
Nǐ shì nǎr rén?
B: ____________。

③ A: 我 属 龙，你 呢?
Wǒ shǔ lóng, nǐ ne?
B: ____________。

3 选一选，测一测 Choose and test

① A: 我 叫 大龙，你 呢?
Wǒ jiào Dàlóng, nǐ ne?
B: 我 属 龙。
Wǒ shǔ lóng.
√→ ③
×→ ②

② A: 你 是 哪儿 人?
Nǐ shì nǎr rén?
B: 我 是 北京 人。
Wǒ shì Běijīng rén.
√→ ④
×→ ⑤

③ A: 我 是 韩国 人，你 呢?
Wǒ shì Hánguó rén, nǐ ne?
B: 我 是 中国 人。
Wǒ shì Zhōngguó rén .
√→ ②
×→ ④

④ A：你 的 家乡 在 哪儿？
Nǐ de jiāxiāng zài nǎr？
B：我 的 家乡 在 上海。
Wǒ de jiāxiāng zài Shànghǎi .
√→ A
×→ ⑤

⑤ A：你 是 哪 国 人？
Nǐ shì nǎ guó rén?
B：我 是 上海 人。
Wǒ shì Shànghǎi rén .
√→ A
×→ B

A．很好。Very good.

B．请注意提问国家和提问城市的问句的不同。
Please note that the question is different when asking somebody's nationality from the one when asking someone's city.

十 文化小贴士 CULTURAL NOTES

（一）你知道吗 Do You Know

中国的语言 Chinese Languages

现在，有越来越多的人开始学习汉语。在有些地方，“汉语”也叫“中文”、“华文”、“国语”等。现在留学生所学习的汉语，普遍是指“普通话”，所学习的汉字是“简体字”。汉语还有很多方言，如北京话、东北话、上海话、四川话、广东话、闽南话等。有些方言与普通话只存在发音或用词上的细小差别，有的则与普通话完全不同。如普通话的“你好”，北京话说“您好”，上海话说“侬好”。不过，普通话是中国各地的通用语言，所以，只要你学好了普通话，就“走遍天下都不怕”了。

At present, there is an increasing number of people setting out their study of Chinese language. Known as 汉语 (Hànyǔ), 中文 (Zhōngwén), 华文 (Huáwén), 国语 (Guóyǔ) in different places, nowadays, the Chinese language studied by most international students usually refers to Mandarin, and the Chinese characters they learn are the simplified version of Chinese characters. There are many dialects in Chinese language, such as those spoken in Beijing, northeast China, Shanghai, Sichuan, Guangdong and south Fujian, etc. Some dialects differ slightly from Mandarin in terms of pronunciation and diction, while some differ vastly. For example, 你好 (nǐ hǎo) in Mandarin is read as 您好 (nín hǎo) in Beijing dialect, while 侬好 (nóng hǎo) in Shanghai dialect.

Nevertheless, since Mandarin is commonly used around China, there is a popular saying, "He who learns Mandarin well fears nothing wherever he goes!"

（二）图片看中国 China in Pictures

北京新地标之一 ——鸟巢（国家体育场）
Běijīng xīn dìbiāo zhī yī —— Niǎocháo (Guójiā Tǐyùchǎng)
One of Beijing's new landmarks — Bird's Nest (National Stadium)

上海夜景
Shànghǎi yèjǐng
Night scene in Shanghai

云南丽江
Yúnnán Lìjiāng
Lijiang of Yunnan

第四单元
Unit 4

谈论一个人
Talking about a Person

话题 **Topic**	谈论一个人 Talking about a person
任务目标 **Instructional Objectives**	能简单描述一个人的身高、体态、相貌特征及性格特点 Students can describe one's height, posture, appearance and personality.
重点词语 **Key Words**	个子 gèzi、头发 tóufa、眼睛 yǎnjing、鼻子 bízi、耳朵 ěrduo、嘴 zuǐ、高 gāo、矮 ǎi、聪明 cōngming、笨 bèn、幽默 yōumò、可爱 kě'ài
重点语句 **Key Sentences**	1. 她头发很长。 Tā tóufa hěn cháng. 2. 她又高又瘦。 Tā yòu gāo yòu shòu. 3. 你觉得她怎么样？漂亮吧？ Nǐ juéde tā zěnmeyàng? Piàoliang ba?
语法点 **Grammar Points**	1. 主谓谓语句 The sentence with a subject-predicate construction as its predicate 2. "又……又……" The expression 又……又……（both…and…） 3. 用"吧"的疑问句 The interrogative sentence with 吧

导入 WARM-UP

你觉得成龙怎么样?

How do you think of Jackie Chan?

一 头脑风暴 BRAINSTORM

- 外貌和特点 wàimào hé tèdiǎn appearance and characteristics
  - 漂亮 piàoliang beautiful
  - 帅 shuài handsome
  - 丑 chǒu ugly
  - 聪明 cōngming clever
  - 笨 bèn foolish
  - 幽默 yōumò humorous
  - 严肃 yánsù serious
  - 可爱 kě' ài lovely
  - 开朗 kāilǎng outgoing
  - 外向 wàixiàng extroverted
  - 内向 nèixiàng introverted
  - 个子 gèzi height
    - 高 gāo tall
    - 矮 ǎi short
  - 身材 shēncái figure
    - 胖 pàng fat
    - 瘦 shòu thin
  - 皮肤 pífū skin
    - 黑 hēi dark
    - 白 bái fair
    - 黄 huáng yellow
  - 头 tóu head
    - 头发 tóufa hair
      - 长 cháng long
      - 短 duǎn short
    - 眼睛 yǎnjing eyes
      - 大 dà big
      - 小 xiǎo small, little
    - 眉毛 méimao eyebrows
    - 鼻子 bízi nose
    - 嘴 zuǐ mouth
    - 耳朵 ěrduo ears
    - 脸 liǎn face

一 生词总动员 WORD POWER

1 说说他们的特征 What do they look like

两人活动：读一读下边的词和短语，将相应的人物代号写在后边的空格里（每个空格可以填一个或多个字母代号）。

Pair work: Read the following words and phrases, and write the corresponding code number of each person on the line (you can write one or more code numbers on each line).

① 漂亮 piàoliang ________　　② 帅 shuài ________

③ 胖 pàng ________　　④ 瘦 shòu ________

⑤ 个子高 gèzi gāo ________　　⑥ 个子矮 gèzi ǎi ________

⑦ 头发长 tóufa cháng ________　　⑧ 头发短 tóufa duǎn ________

⑨ 眼睛大 yǎnjing dà ________　　⑩ 眼睛小 yǎnjing xiǎo ________

A

B

C

D

E

F

2 说说你最喜欢的影星和他（她）的样子

Talk about your favorite film star and how he (she) looks like

两人活动 请在你最喜欢的影星所具备的特征后边打✓。然后两人一组，说说你们喜欢的影星有什么不同。

Pair work: Please tick ✓ after the features of your favorite film star. Then work in pairs and talk about the differences in these stars you like.

A. 章　子怡
Zhāng Zǐyí

B. 成　　龙
Chéng Lóng

C. Nicole Mary Kidman

D. Brad Pitt and Angelina Jolie

我最喜欢的影星是 ____________。他（她）：
My favorite film star is ______________. He (She) is:

	漂亮 piàoliang □	帅 shuài □	
	胖 pàng □	瘦 shòu □	
个子 gèzi	高 gāo □	矮 ǎi □	
头发 tóufa	长 cháng □	短 duǎn □	
眼睛 yǎnjing	大 dà □	小 xiǎo □	

3 你觉得他（她）怎么样 What do you think of him (her)

两人活动 请将下面的人物形象或卡通形象与相应的特点连接起来，然后向全班汇报，看看大家的看法是否一致。小提示：一个人物可以有一种或多种特点。

Pair work: Match each person or cartoon character with his or its characteristics and report to the class to see whether you have the same opinion. Tip: Each one may have one or more characteristics.

A

B

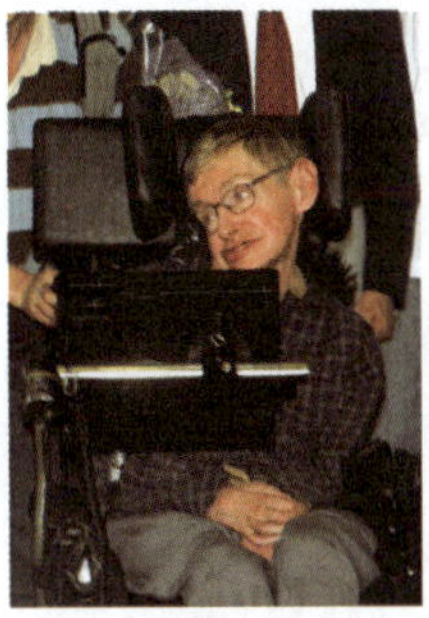
C

D

① 聪明 cōngming ② 笨 bèn ③ 幽默 yōumò ④ 可爱 kě'ài

生词大盘点 VOCABULARY LIST

1	个子	gèzi	名	height (of a person)
2	头发	tóufa	名	hair
3	眼睛	yǎnjing	名	eye
4	鼻子	bízi	名	nose
5	耳朵	ěrduo	名	ear
6	嘴	zuǐ	名	mouth
7	长	cháng	形	long
8	短	duǎn	形	short
9	小	xiǎo	形	little, small, young
10	聪明	cōngming	形	clever, smart
11	笨	bèn	形	foolish
12	可爱	kě'ài	形	cute, lovely
13	幽默	yōumò	形	humorous
14	错	cuò	形	wrong
15	朋友	péngyou	名	friend
16	姐姐	jiějie	名	elder sister
17	女朋友	nǚpéngyou	名	girlfriend
18	男朋友	nánpéngyou	名	boyfriend
19	有	yǒu	动	to have
20	没(有)	méi (yǒu)	动	not (to have)
21	怎么样	zěnmeyàng	代	how about, what about

22	又……又……	yòu……yòu……		both...and...
23	吧	ba	语气助词	*modal particle*
24	哈哈	hāhā	拟声	*onomatopoeia*

专有名词 Proper Noun

	孔子	Kǒngzǐ	Confucius

二 任务及活动 TASKS AND ACTIVITIES

（一）任务示范 Task Demonstration

故事场景 大龙给张丽看他朋友和家人的照片。

The scene of the story: Dalong is showing pictures of his friends and family to Zhang Li.

张丽：哪个 是 你 女朋友？
Zhāng Lì: Nǎge shì nǐ nǚpéngyou?

大龙：你 猜。她 头发 很 长。
Dàlóng: Nǐ cāi. Tā tóufa hěn cháng.

张丽：是 她 吗？
Zhāng Lì: Shì tā ma?

大龙：不 是。我 女朋友 眼睛 很 大。
Dàlóng: Bú shì. Wǒ nǚpéngyou yǎnjing hěn dà.

张丽：她 个子 高 吗？
Zhāng Lì: Tā gèzi gāo ma?

大龙：她又高又瘦。
Dàlóng: Tā yòu gāo yòu shòu.

张丽：是她吧？
Zhāng Lì: Shì tā ba?

大龙：对。你觉得她怎么样？漂亮吧？
Dàlóng: Duì. Nǐ juéde tā zěnmeyàng? Piàoliang ba?

张丽：很漂亮，也很可爱。
Zhāng Lì: Hěn piàoliang, yě hěn kě'ài.

大龙：哈哈，你猜错了！这是我姐姐，我没有女朋友。
Dàlóng: Hāhā, nǐ cāicuò le! Zhè shì wǒ jiějie, wǒ méiyǒu nǚpéngyou.

（二）分步任务活动 Implement Tasks Step by Step

1 谈外貌 Talk about one's appearance

两人活动 根据照片说说她的外貌特征。

Pair work: Talk about her appearance based on the photo.

① 我觉得她很 ＿＿＿＿＿＿＿＿。
Wǒ juéde tā hěn ＿＿＿＿＿＿＿＿.

② 她个子 ＿＿＿＿＿＿＿＿。
Tā gèzi ＿＿＿＿＿＿＿＿.

③ 她眼睛 ＿＿＿＿＿＿＿＿。
Tā yǎnjing ＿＿＿＿＿＿＿＿.

④ 她头发 ＿＿＿＿＿＿＿＿。
Tā tóufa ＿＿＿＿＿＿＿＿.

小组活动 将一位朋友的外貌特征写在表格中，然后介绍给你的同学。

Group activity: Write your friend's appearance in the table and then introduce him/her to your classmates.

	主语 Subject	谓语 Predicate	
		主语 Subject	谓语 Predicate
1	张丽 (Zhāng Lì)	个子 (gèzi)	很高 (hěn gāo)
2			
3			
4			

2 谈特征 Talk about one's features

两人活动 请为图片选择恰当的描述（序号写在图片下的括号里），然后介绍给你的同学。

Pair work: Please choose the appropriate code number for each picture (write the number in the brackets below the picture) and then introduce them to your classmates.

① 又 高 又 帅
yòu gāo yòu shuài

② 又 聪明 又 可爱
yòu cōngming yòu kě' ài

③ 又 漂亮 又 可爱
yòu piàoliang yòu kě' ài

④ 又 聪明 又 漂亮
yòu cōngming yòu piàoliang

巩俐
Gǒng Lì
Gong Li
(　　)

费德勒
Fèidélè
Roger Federer
(　　)

白雪公主
Báixuě gōngzhǔ
Snow White
(　　)

孙悟空
Sūn Wùkōng
Monkey King
(　　)

两人活动 谈谈你对下面各个人物的印象，然后完成表格。

Pair work: Talk about your impressions of the following characters. Then fill them in the table.

例

A 你 觉得 他/她 怎么样？
Nǐ juéde tā zěnmeyàng?

B 她 又 高 又 瘦。
Tā yòu gāo yòu shòu.

吕燕
Lǚ Yàn
Lu Yan

林妙可
Lín Miàokě
Lin Miaoke

爱因斯坦
Àiyīnsītǎn
Albert Einstein

Rain

Subject	又	Adj.	又	Adj.
1. 她 Tā	又 yòu		又 yòu	
2.				
3.				
4.				

3 谈对某人的印象 Talk about your impression of someone

小组活动 用名人的名字完成句子，并向大家报告。

Group activity: Complete the sentences with the names of some celebrities and report to others.

① ________ 很 帅。
________ hěn shuài.

② ________ 很 幽默。
________ hěn yōumò.

③ ________ 个子 很 高。
________ gèzi hěn gāo.

④ ________ 眼睛 很 大。
________ yǎnjing hěn dà.

⑤ ________ 又 瘦 又 高。
________ yòu shòu yòu gāo.

⑥ ________ 又 聪明 又 可爱。
________ yòu cōngming yòu kě'ài.

小组活动 用"……吧"将上一个活动中的句子变为疑问句，然后问你的同伴是否同意你的看法。

Group activity: Use ……吧 to change the sentences you used in the last activity into interrogative sentences. Then ask your partners whether they agree with you.

例

A：成 龙 很 帅 吧？
Chéng Lóng hěn shuài ba?

B：对，他 很 帅。
Duì, tā hěn shuài.

C：不，我 觉得 他 不 帅。
Bù, wǒ juéde tā bú shuài.

（三）综合任务活动 Comprehensive Tasks

1 猜猜哪个是孔子 Guess which man is Confucius

表演活动 请根据下面的照片和提示进行会话练习。

Role playing: Make a dialogue based on the following photos and clue.

A 来 B 的房间时，B 正在看中国电影《孔子》。

When A came to B's room, B was watching the Chinese movie *Confucius*.

例

A：哪个是 孔子？
Nǎge shì Kǒngzǐ?

B：你 猜。
Nǐ cāi.

A：……吗？
…… ma?

B：他 个子 很 高。
Tā gèzi hěn gāo.

A：他 胡子（beard）……？
Tā húzi……?

B：他胡子很 长。
Tā húzi hěn cháng.

A：是……？
Shì……?

B：对！你 觉得 他 怎么样？
Duì! Nǐ juéde tā zěnmeyàng?

A：他……。这个（this）演员（actor）……？
Tā……. Zhège yǎnyuán……?

B：他 姓 周（*a surname*），叫 周 润发（*a name*）。
Tā xìng Zhōu, jiào Zhōu Rùnfā.

2 猜猜他们是谁 Guess who they are

表演活动：两人一组，分别扮演人物 A 和 B 。A 给 B 看好朋友的照片。请根据下面的照片和提示进行会话练习。完成后可以互换角色再练习一遍。

Role playing: Work in pairs and play the roles of A and B. A shows B the picture of one of his good friends. Make a dialogue based on the following photo and clue. Then, reverse the role and practise it again.

例

B：哪个是 你 朋友？
Nǎge shì nǐ péngyou?

A：你 猜。
Nǐ cāi.

……

A：对，他（她）是……。你觉得他（她）怎么样？……吧？
Duì, tā shì……. Nǐ juéde tā zěnmeyàng? …… ba?
B：他（她）……。
Tā…….

3 介绍人物 Introduce someone

两人活动 根据“任务示范”，在照片中找出哪个是大龙的姐姐，并参照下面的提示介绍一下她。

Pair work: Find Dalong's elder sister in the picture following the "Task Demonstration", and then introduce her using the following sentence patterns.

例

大龙的姐姐头发……，眼睛……。她又……又……。
Dàlóng de jiějie tóufa……, yǎnjing……. Tā yòu……yòu…….
张丽觉得她很……，也很……。
Zhāng Lì juéde tā hěn……, yě hěn…….

两人活动 根据猪八戒的画像，一起说说他的外貌特征。

Pair work: Talk about the appearance of Zhu Bajie according to his appearance.

4 猜猜他（她）是谁 Guess who he (she) is

班级活动 请介绍一位大家都认识的同学或者老师，让大家猜猜这个人是谁。

Class activity: Please introduce a student or a teacher that everyone knows, and let others guess who he/she is.

5 我们班的班级之最 The top list of our class

小组活动 根据提示，讨论"我们班的班级之最"，然后每组选一位代表向全班报告。

Group activity: Discuss the people on "the top list of our class" using the given expressions, then select a representative from each group and make a presentation to the class.

姓名 Name		特点 Features and characteristics		
1		个子 gèzi	最 zuì most	高 gāo
2		头发 tóufa		长 cháng
3		头发 tóufa		短 duǎn
4		眼睛 yǎnjing		大 dà
5		/		漂亮 piàoliang
6		/		帅 shuài
7		/		幽默 yōumò
8		/		聪明 cōngming
9		/		可爱 kě'ài
10		年纪 niánji		小 xiǎo
		……		……

四 语法点注释 GRAMMAR NOTES

1 主谓谓语句 The sentence with a subject-predicate construction as its predicate

主谓谓语句是由主谓短语做谓语的句子。其中，主谓短语中的主语所指的人或事物常跟全句的主语有关。例如：

This kind of sentence has a subject-predicate construction as its predicate. The person or thing denoted by the subject of this construction is usually related to the subject of the whole sentence, e.g.,

① 她 头发 很 长。
Tā tóufa hěn cháng.

② 她 眼睛 很 大。
Tā yǎnjing hěn dà.

③ 她 个子 高 吗？
Tā gèzi gāo ma?

2 "又……又……" The expression 又……又…… (both…and…)

"又……又……"表示两种情况或性质同时存在。例如：

This structure indicates the coexistence of two situations or characteristics, e.g.,

① 她 又 高 又 瘦。
Tā yòu gāo yòu shòu.

② 姐姐 个子 又 高，头发 又 长。
Jiějie gèzi yòu gāo, tóufa yòu cháng.

3 用"吧"的疑问句 The interrogative sentences with 吧

在对某事有了一定的估计，但还不能肯定的时候，用语气助词"吧"进行提问。例如：

When someone has a rough estimation of something but is not sure about it, he uses the modal particle 吧 (ba) to raise a question, e.g.,

① 是 她 吧？
Shì tā ba?

② （她 很）可爱 吧？
(Tā hěn) Kě'ài ba?

③ 他 是 中国 人 吧？
Tā shì Zhōngguó rén ba?

五 学习后任务 REVIEW TASKS

调查活动 了解两三位同学或朋友的偶像，并描述他们的特征。

Investigation: Ask two or three of your classmates or friends about their idols and describe their characteristics.

	姓名 Name	国籍 Nationality	年龄 Age	特点 Features and characteristics
1				
2				
3				

调查活动 调查两个中国人，看看他们觉得什么样的女孩子漂亮。

Investigation: Ask two Chinese about what kind of girl is beautiful in their eyes.

	1	2
个子 gèzi		
身材 shēncái		
眼睛 yǎnjing		
鼻子 bízi		
耳朵 ěrduo		
嘴 zuǐ		
头发 tóufa		

六 自我评估 SELF-EVALUATION

1 你认识这些生词吗 Do you know these new words

请在你认识的生词前面打✓，然后数一下你认识的生词数。

Please tick ✓ before the words you know, and then count them.

□个子	□头发	□眼睛	□鼻子	□嘴	□耳朵
□长	□短	□聪明	□笨	□可爱	□幽默
□小	□对	□错	□男	□女	□朋友
□有	□没有	□姐姐	□个	□怎么样	□又……又……
□吧	□哈哈				

认识 18 ~ 26 个：太棒了！
Knowing 18-26 words: Wonderful!

认识 9 ~ 17 个：不错，要更加努力。
Knowing 9-17 words: Good. Please make more efforts.

认识 9个以下：得复习复习。加油啊！
Knowing fewer than 9 words: Please review the lesson. Come on!

2 选一选，测一测 Choose and test

在正确的句子或合适的答句前打✓，看看你语法学得怎么样。

Tick ✓ before the correct sentences or answers to check how well you have learned the grammar.

① A. 她 头发 很 长。[→②]
Tā tóufa hěn cháng.

B. 她 头发 是 长。[→③]
Tā tóufa shì cháng.

②A. 她 又 漂亮 又 可爱。[→⑤]
Tā yòu piàoliang yòu kě'ài.

B. 她 又 漂亮 又 不 可爱。[→④]
Tā yòu piàoliang yòu bù kě'ài.

③A. 她 个子 很 高。[→②]
Tā gèzi hěn gāo.

B. 她 是 很 高 个子。[→C]
Tā shì hěn gāo gèzi.

④A. 她 很 漂亮，也 很 可爱。[→⑤]
Tā hěn piàoliang, yě hěn kě'ài.

B. 她 又 很 漂亮，也 又 很 可爱。[→D]
Tā yòu hěn piàoliang, yě yòu hěn kě'ài.

⑤你 觉得 这个 老师 怎么样？
Nǐ juéde zhège lǎoshī zěnmeyàng?

A. 她 姓 张。[→B]
Tā xìng Zhāng.

B. 她 很 聪明。[→A]
Tā hěn cōngming.

A. 太棒了！你语法学得非常好。

Wonderful! You have learned the grammar very well.

B. 你的语法学得不错。不过要注意这里的"怎么样"是询问印象。

You have learned the grammar well. However, 怎么样 is used to ask someone's
impression of somebody or something here.

C. 这是主谓谓语句，请认真看一下语法点注释 1 。

This is a sentence with a subject-predicate construction as its predicate. Please
read Grammar Note 1 carefully.

D. "又……又……"常连接两个形容词。详见语法点注释 2 。

又……又…… is often used to connect two adjectives. Refer to Grammar
Note 2 for more details.

3 听一听，答一答 Listen and answer

你将听到大龙对他中国妹妹的介绍。请根据录音选择正确答案。

Here is Dalong's introduction to his Chinese younger sister. Please choose the right answers according to the recording.

① 大龙 的 中国 妹妹 漂亮 吗?
Dàlóng de Zhōngguó mèimei piàoliang ma?

A. 很 漂亮
hěn piàoliang

B. 不 漂亮
bú piàoliang

② 她 个子 高 吗?
Tā gèzi gāo ma?

A. 很 高
hěn gāo

B. 不 高
bù gāo

③ 她 头发 长 吗?
Tā tóufa cháng ma?

A. 很 长
hěn cháng

B. 不 长
bù cháng

④ 她 眼睛 大 吗?
Tā yǎnjing dà ma?

A. 很 大
hěn dà

B. 不 大
bú dà

⑤ 大龙 觉得 她 怎么样?
Dàlóng juéde tā zěnmeyàng?

A. 又 聪明 又 幽默
yòu cōngming yòu yōumò

B. 又 聪明 又 可爱
yòu cōngming yòu kě'ài

⑥ 她 叫 什么 名字?
Tā jiào shénme míngzi?

A. 张
Zhāng

B. 张 丽
Zhāng Lì

十 文化小贴士 CULTURAL NOTES

（一）你知道吗 Do You Know

孔子（前551年~前479年），中国古代伟大的思想家和教育家，儒家学派创始人，是中国历史上影响最大的人物之一。

Confucius (551 BC～479 BC) is a great ancient Chinese philosopher and educator, founder of Confucianism, and one of the most influential figures in Chinese history.

（二）图片看中国 China in Pictures

孙悟空（美猴王）
Sūn Wùkōng（Měihóuwáng）

Sun Wukong (Monkey King), one of the chief characters in *Journey to the West* who was an incarnated monkey and possessed immense strength

猪八戒
Zhū Bājiè

Zhu Bajie, one of the main characters in *Journey to the West* who was an incarnated pig

他们都是中国古典名著《西游记》中的人物。
Both of them are characters in the classical Chinese novel *Journey to the West*.

第五单元
Unit 5

谈家庭
Talking about Family

话题 **Topic**	谈家庭 Talking about family
任务目标 **Instructional Objectives**	能说出最常见的亲属称谓及相互关系，能询问职业并用不同方式回答 Students can use common appellations for family members. They can ask and answer questions about one's job using different sentence patterns.
重点词语 **Key Words**	爸爸 bàba、妈妈 māma、兄弟 xiōngdì、姐妹 jiěmèi、工作 gōngzuò、老师 lǎoshī、大夫 dàifu、学生 xuésheng 、大学 dàxué、医院 yīyuàn
重点语句 **Key Sentences**	1. 我的中国爸爸是老师。 Wǒ de Zhōngguó bàba shì lǎoshī. 2. 妈妈在医院工作。 Māma zài yīyuàn gōngzuò. 3. 他们有孩子吗？ Tāmen yǒu háizi ma? 4. 她做什么工作？ Tā zuò shénme gōngzuò?
语法点 **Grammar Points**	1.“有”字句　The 有 -sentence 2. 介词结构“在……” The prepositional construction 在……

导入 WARM-UP

你家都有谁？他们做什么工作？

Who are your family members? What do they do?

一 头脑风暴 BRAINSTORM

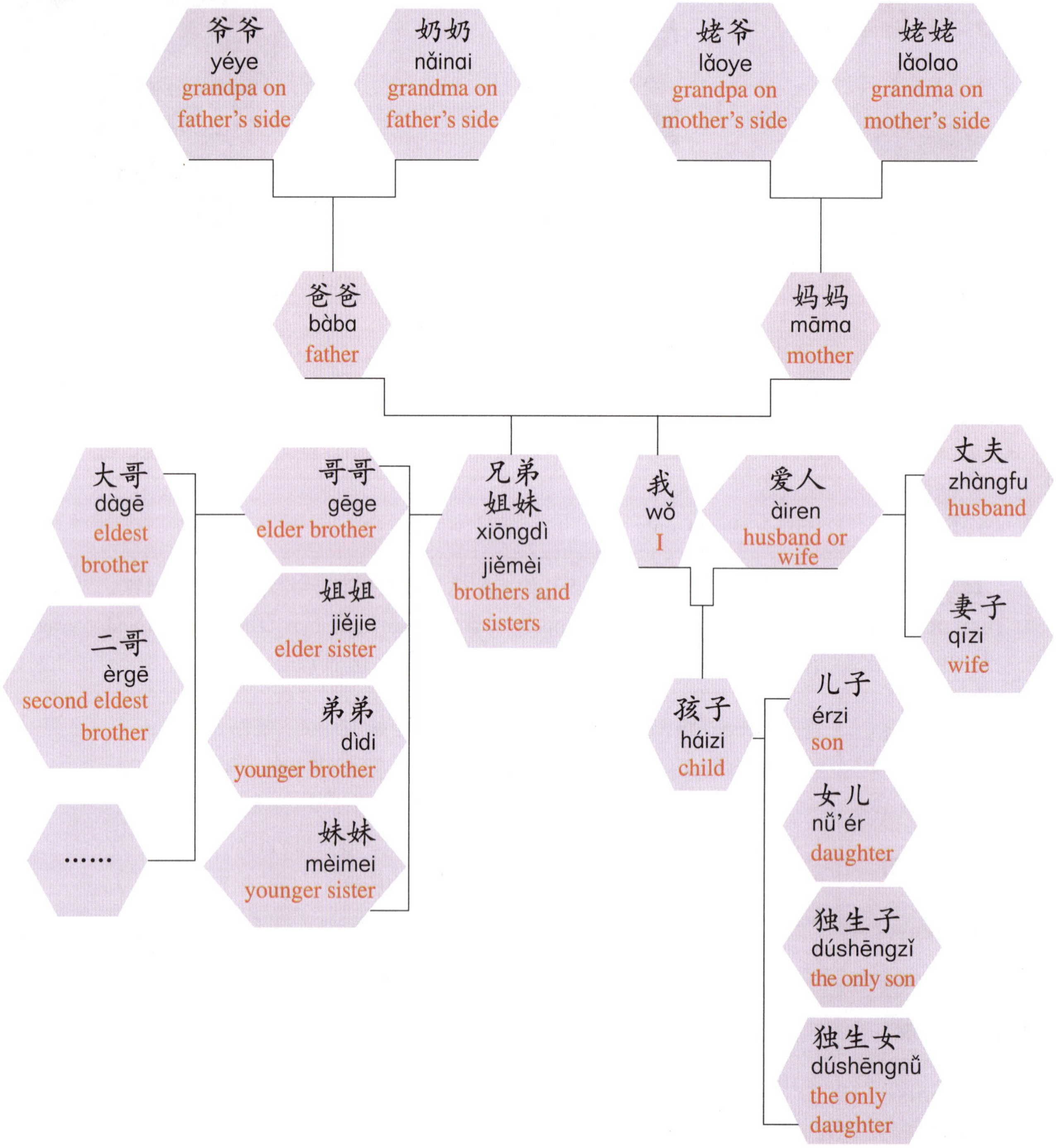

小学生
xiǎoxuéshēng
primary school pupil

中学生
zhōngxuéshēng
middle school student

大学生
dàxuéshēng
college student

留学生
liúxuéshēng
international student

老师
lǎoshī
teacher

演员
yǎnyuán
actress

大夫/医生
dàifu / yīshēng
doctor

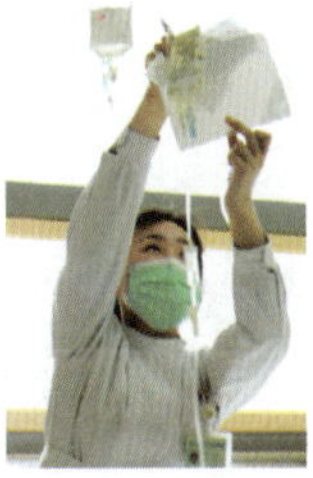

护士
hùshi
nurse

服务员
fúwùyuán
waitress

营业员
yíngyèyuán
shop assistant

职员
zhíyuán
office worker

经理
jīnglǐ
manager

警察
jǐngchá
police

工程师
gōngchéngshī
engineer

老板
lǎobǎn
boss

律师
lǜshī
lawyer

主妇
zhǔfù
housewife

退休了
tuìxiū le
retired

学校
xuéxiào
school

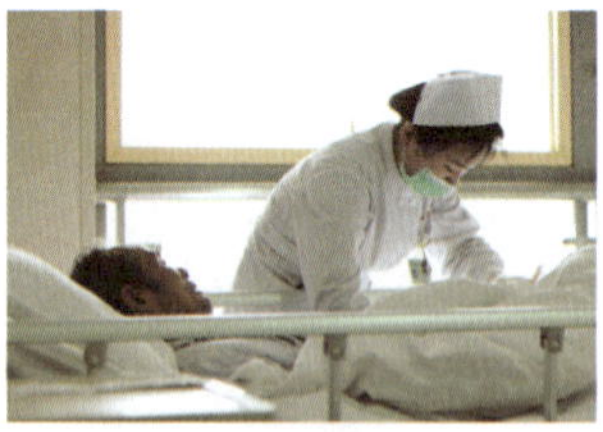

医院
yīyuàn
hospital

超市
chāoshì
supermarket

商店
shāngdiàn
shop, store

商场
shāngchǎng
department store

公司
gōngsī
company

宾馆
bīnguǎn
hotel

公园
gōngyuán
park

银行
yínháng
bank

饭店
fàndiàn
restaurant, hotel

一 生词总动员 WORD POWER

1 你家有什么人 Who are your family members

两人活动 以下家庭成员你家都有吗？如果有，请在后面打✓，写出数量，并向同学介绍。

Pair work: Do you have the following family members? If you do, please mark them with ✓, write down the number of them you have, and report to your classmates.

哥哥	gēge	□	（　）个 ge
弟弟	dìdi	□	（　）个 ge
姐姐	jiějie	□	（　）个 ge
妹妹	mèimei	□	（　）个 ge

例

我 有 一 个 哥哥、一 个 姐姐，我 没有 弟弟、妹妹。
Wǒ yǒu yí ge gēge、 yí ge jiějie， wǒ méiyǒu dìdi、 mèimei.

2 介绍家人 Introduce the family members

小组活动 请分别从不同家庭成员的角度介绍照片上的家人。

Group activity: Please introduce the family from different family members' perspectives.

例

这 是 我 爱人、三 个 孩子 和 我。
Zhè shì wǒ àiren、 sān ge háizi hé wǒ.

3 介绍职业 Introduce one's job

小组活动 请先根据图片写出地点名称，然后将中间一列的人物身份与两边的地点连接起来，并介绍给大家。

Group activity: Please write down the name of each place according to the pictures below, then match each noun indicating identity in the middle column with the corresponding place on either side and introduce them to your classmates.

医院 yīyuàn	大学 dàxué	公司 gōngsī	饭店 fàndiàn

____

____

老师
lǎoshī

学生
xuésheng

大夫
dàifu

经理
jīnglǐ

服务员
fúwùyuán

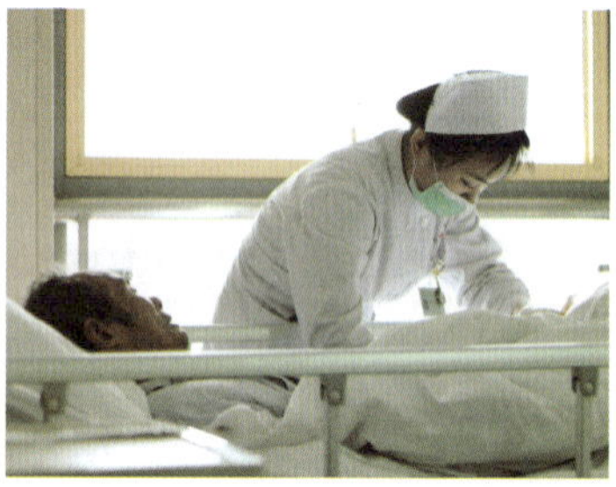

____

____

生词大盘点 VOCABULARY LIST

1	家	jiā	名	family, home
2	家庭	jiātíng	名	family
3	孩子	háizi	名	child
4	兄弟	xiōngdì	名	brothers
5	姐妹	jiěmèi	名	sisters
6	哥哥	gēge	名	elder brother
7	弟弟	dìdi	名	younger brother
8	妹妹	mèimei	名	younger sister
9	爱人	àiren	名	husband or wife, spouse
10	学习	xuéxí	动	to learn, to study
11	做	zuò	动	to do
12	工作	gōngzuò	动/名	to work; work, job
13	大夫	dàifu	名	doctor
14	学生	xuésheng	名	student
15	经理	jīnglǐ	名	manager
16	服务员	fúwùyuán	名	waiter, waitress
17	医院	yīyuàn	名	hospital
18	大学	dàxué	名	college, university
19	公司	gōngsī	名	company
20	饭店	fàndiàn	名	restaurant, hotel
21	超市	chāoshì	名	supermarket
22	一定	yídìng	副	must
23	当然	dāngrán	副	certainly
24	非常	fēicháng	副	very

专有名词 Proper Nouns

1	北京大学	Běijīng Dàxué	Peking University (PKU)
2	北京语言大学	Běijīng Yǔyán Dàxué	Beijing Language and Culture University (BLCU)

二 任务及活动 TASKS AND ACTIVITIES

(一) 任务示范 Task Demonstration

故事场景 这是大龙和姐姐在MSN上的聊天儿记录。

The scene of the story: This is the chat log of Dalong and his sister on MSN.

姐姐：大龙，你 的 中国 家庭 怎么样？
Jiějie: Dàlóng, nǐ de Zhōngguó jiātíng zěnmeyàng?

大龙：非常 好。我 的 中国 爸爸 是 老师，
Dàlóng: Fēicháng hǎo. Wǒ de Zhōngguó bàba shì lǎoshī,

中国 妈妈 在 医院 工作。
Zhōngguó māma zài yīyuàn gōngzuò.

姐姐：他们 有 孩子 吗？
Jiějie: Tāmen yǒu háizi ma?

大龙：有，我 有 一 个 中国 妹妹。
Dàlóng: Yǒu, wǒ yǒu yí ge Zhōngguó mèimei.

姐姐：她 做 什么 工作？
Jiějie: Tā zuò shénme gōngzuò?

大龙：她是 学生，在 北京 大学 学习。
Dàlóng: Tā shì xuésheng, zài Běijīng Dàxué xuéxí.

姐姐：她 一定 很 聪明！
Jiějie: Tā yídìng hěn cōngming!

大龙：当然！ 她 又 聪明 又 漂亮。
Dàlóng: Dāngrán! Tā yòu cōngming yòu piàoliang.

（二）分步任务活动 Implement Tasks Step by Step

1 谈家人 Talk about the family

小组活动：问问你们组的同学是否有兄弟姐妹。其他同学一边听，一边在下面的表格里记录下来，然后向其他同学介绍。

Group activity: Ask your group members if they have any brothers or sisters. Other students take notes in the following table while listening, and then introduce the results to other students.

张丽（Zhāng Lì）

A1. 你 有 兄弟 姐妹吗？
Nǐ yǒu xiōngdì jiěmèi ma?

A2. 你姐姐 怎么样？
Nǐ jiějie zěnmeyàng?

B1. 我 有 一 个 姐姐。
Wǒ yǒu yí ge jiějie.

B2. 她 非常 聪明。
Tā fēicháng cōngming.

大龙（Dàlóng）

姓名 Name	哥哥 gēge	姐姐 jiějie	弟弟 dìdi	妹妹 mèimei
大龙 Dàlóng	没有 méiyǒu	一 个，yí ge，非常 聪明 fēicháng cōngming	没有 méiyǒu	没有 méiyǒu
1.				
2.				
3.				
4.				

例

大龙 没有 哥哥、弟弟和妹妹，他有 一 个 姐姐。
Dàlóng méiyǒu gēge、 dìdi hé mèimei，tā yǒu yí ge jiějie.

他 姐姐 非常 聪明。
Tā jiějie fēicháng cōngming.

2 谈职业 Talk about one's job

两人活动 下面是李伟家人的照片，请根据这些照片进行问答练习。

Pair work: Here are some pictures of Li Wei's family members. Please ask and answer questions based on the given information.

爸爸
bàba

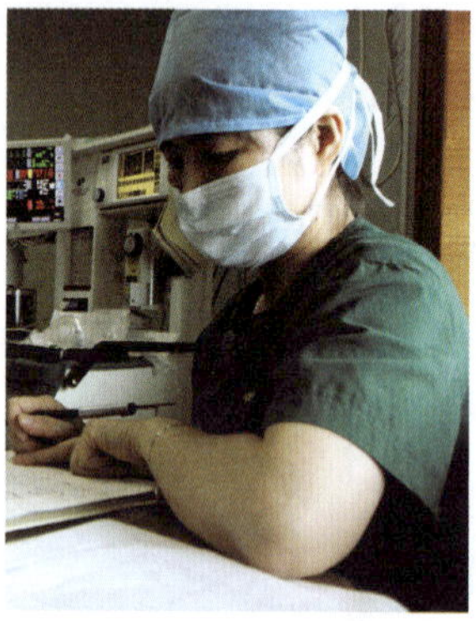

妈妈
māma

姐姐
jiějie

妹妹
mèimei

例

A: 李 伟 的 爸爸 做 什么 工作？
Lǐ Wěi de bàba zuò shénme gōngzuò?

B: 他 爸爸 是 老师，在 大学 工作。
Tā bàba shì lǎoshī, zài dàxué gōngzuò.

（三）综合任务活动 Comprehensive Tasks

1 张丽的一家 Zhang Li's family

表演活动 根据下表完成会话。

Role playing: Complete the conversation according to the following form.

	家人 Family member	工作 Job	地点 Place
1	爸爸 bàba	老师 lǎoshī	大学 dàxué
2	妈妈 māma	大夫 dàifu	医院 yīyuàn
3	张 丽 Zhāng Lì	不工作 bù gōngzuò （大学生） （dàxuéshēng）	北京 大学 Běijīng Dàxué

例

朋友： 你爸爸做什么工作？
Péngyou: Nǐ bàba zuò shénme gōngzuò?

张丽： 他是……
Zhāng Lì: Tā shì……

朋友： 你妈妈呢？
Péngyou: Nǐ māma ne?

张丽： 她在……
Zhāng Lì: Tā zài……

朋友： 你工作吗？
Péngyou: Nǐ gōngzuò ma?

张丽： ……，我在……学习。
Zhāng Lì: ……, wǒ zài…… xuéxí.

2 了解一个中国家庭 Get to know a Chinese family

表演活动 根据下表进行表演，一人扮演小高，一人扮演小高的妈妈。

Role playing: Act it out according to the given information. One student plays the role of Xiao Gao, and the other plays the role of Xiao Gao's mother.

小高女朋友的家庭：
The family of Xiao Gao's girlfriend:

	家人 Family member	工作 Job	地点 Place	特点 Features
1	爸爸 bàba	大夫 dàifu	医院 yīyuàn	又 高 又 帅 yòu gāo yòu shuài
2	妈妈 māma	经理 jīnglǐ	公司 gōngsī	又 聪明 又 漂亮 yòu cōngming yòu piàoliang
3	哥哥 gēge	经理 jīnglǐ	饭店 fàndiàn	又 聪明 又 幽默 yòu cōngming yòu yōumò
4	弟弟 dìdi	不工作（大学生） bù gōngzuò (dàxuéshēng)	美国 Měiguó	非常 聪明 fēicháng cōngming

例

（小高正在跟妈妈聊天儿）
(Xiao Gao is chatting with his mother.)

妈妈： 你 女朋友 的……做 什么 工作？
Māma: Nǐ nǚpéngyou de…… zuò shénme gōngzuò?

小高： 她爸爸是……，在……；妈妈 是……，在……工作。
Xiǎo Gāo: Tā bàba shì……, zài……; māma shì……, zài……gōngzuò.

妈妈： 她 妈妈 一定……。
Māma: Tā māma yídìng…….

小高： 对，……又……又……。
Xiǎo Gāo: Duì, ……yòu ……yòu …….

妈妈： ……兄弟 姐妹……？
Māma: …… xiōngdì jiěmèi……?

小高：有，她 有……和……。
Xiǎo Gāo: Yǒu, tā yǒu…… hé…….

妈妈：她 哥哥……？
Māma: Tā gēge……?

小高：他是 经理，在……。
Xiǎo Gāo: Tā shì jīnglǐ, zài…….

妈妈：……呢？
Māma: …… ne?

小高：他 是……，在美国……。
Xiǎo Gāo: Tā shì……, zài Měiguó…….

妈妈：他 一定 很 聪明。
Māma: Tā yídìng hěn cōngming.

小高：当然，……。
Xiǎo Gāo: Dāngrán, …….

妈妈：她 哥哥 怎么样？
Māma: Tā gēge zěnmeyàng?

小高：……又……又……。
Xiǎo Gāo: …… yòu…… yòu…….

3 看照片，谈家人 Look at the pictures and talk about the family

小组活动 就下面的照片进行讨论，然后回答问题。

Group activity: Discuss the photos and answer the questions.

1. 他 叫 什么 名字？
   Tā jiào shénme míngzi?
   是 哪 国 人？
   Shì nǎ guó rén?
2. 他 做 什么 工作？
   Tā zuò shénme gōngzuò?
3. 他 爱人 怎么样？
   Tā àiren zěnmeyàng?
4. 他 有 孩子 吗？
   Tā yǒu háizi ma?

4 介绍一个中国家庭 Introduce a Chinese family

两人活动 请根据“分步任务活动2”中所给的信息以及下面的提示介绍“李伟的一家”。

Pair work: Introduce Li Wei's family according to the information in the second part of "Implement Tasks Step by Step" and the following clues.

例

李伟的一家
Lǐ Wěi de Yì Jiā

李伟家有五口人，……、……、……、……和他。
Lǐ Wěi jiā yǒu wǔ kǒu rén, ……、 ……、 ……、 …… hé tā.

李伟的爸爸是……，在……工作。
Lǐ Wěi de bàba shì……, zài …… gōngzuò.

他妈妈是……，在……。
Tā māma shì……, zài…….

他姐姐是服务员，在……。我觉得他姐姐……。
Tā jiějie shì fúwùyuán, zài……. Wǒ juéde tā jiějie…….

他……是……，在……学习。我猜她一定……。
Tā…… shì……, zài…… xuéxí. Wǒ cāi tā yídìng…….

李伟在公司工作，他是经理。
Lǐ Wěi zài gōngsī gōngzuò, tā shì jīnglǐ.

5 我的一家 My family

小组活动 每位同学为自己画一张“全家福”，并根据这幅画向同学介绍一下你自己的家。

Group activity: Draw a picture of your entire family and introduce it to your classmates based on the picture.

四 语法点注释 GRAMMAR NOTES

1 “有”字句 The 有-sentence

以“有”及其宾语做谓语的句子称为“有”字句，表示“领有”的意思。其疑问形式是在句末加助词“吗”。否定形式是在“有”前加副词“没”，不能加“不”。例如：

A sentence with the predicate made up of 有 (yǒu) and its object is known as the 有-sentence indicating possession. Its question form is constructed by putting the particle 吗 (ma) at the end of the sentence. Its negative form is constructed by putting the adverb 没 (méi), but not 不 (bù), before 有 (yǒu), e.g.,

① 我 有 一 个 妹妹。
Wǒ yǒu yí ge mèimei.

② 她 没有 姐姐。
Tā méiyǒu jiějie.

③ 他们 有 孩子 吗?
Tāmen yǒu háizi ma?

2 介词结构“在……” The prepositional construction 在……

介词“在”跟宾语组成介词结构，常在动词前做状语。例如：

The prepositional construction consists of the preposition 在 (zài) and its object. It is often used as an adverbial before a verb, e.g.,

① 爸爸 在 中国 工作。
Bàba zài Zhōngguó gōngzuò.

② 妈妈 在 医院 工作。
Māma zài yīyuàn gōngzuò.

③ 妹妹 在 大学 学习。
Mèimei zài dàxué xuéxí.

五 学习后任务 REVIEW TASKS

调查活动 调查2~3名中国人，问问他们最喜欢的工作是什么。

Investigation: Ask 2 or 3 Chinese to find out their favorite jobs.

	姓名 Name	最喜欢的工作 Favorite Job
1		
2		
3		

调查活动 介绍一个名人的家庭成员。

Investigation: Introduce a celebrity's family members.

______家有______口人：____________和他（她）。
jiā yǒu kǒu rén hé tā

____

____

____

六 自我评估 SELF-EVALUATION

1 你认识这些生词吗 Do you know these new words

请在你认识的生词前面打√，然后数一下你认识的生词数。

Please tick √ before the words you know, and then count them.

□ 家	□ 家庭	□ 孩子	□ 兄弟	□ 姐妹
□ 哥哥	□ 弟弟	□ 妹妹	□ 爱人	□ 做
□ 工作	□ 大夫	□ 经理	□ 服务员	□ 学生
□ 学习	□ 医院	□ 公司	□ 饭店	□ 大学
□ 超市	□ 当然	□ 非常	□ 一定	

认识 18~24 个：太棒了！

Knowing 18-24 words: Wonderful!

认识 9~17 个：不错，要更加努力。

Knowing 9-17 words: Good. Please make more efforts!

认识 9 个以下：得复习复习。加油啊！

Knowing fewer than 9 words: Please review the lesson. Come on!

2 选一选，测一测 Choose and test

在合适的答句前打√，看看你语法学得怎么样。

Tick √ before the right answers to check how well you have learned the grammar.

① 你 有 妹妹 吗？
Nǐ yǒu mèimei ma?

A. 是，我 是 妹妹。[→③]
Shì, wǒ shì mèimei.

B. 有，我 有 一个妹妹。[→②]
Yǒu, wǒ yǒu yí ge mèimei.

② 你 妈妈 在哪儿工作？
Nǐ māma zài nǎr gōngzuò?

A. 她在 医院 工作。[→⑤]
Tā zài yīyuàn gōngzuò.

B. 她 工作 在 医院。[→④]
Tā gōngzuò zài yīyuàn.

C. 在 医院 她 工作。[→④]
Zài yīyuàn tā gōngzuò.

③ 你 有 工作 吗？
Nǐ yǒu gōngzuò ma?

A. 我 没有 工作。[→②]
Wǒ méiyǒu gōngzuò.

B. 我 是 工作。[→C]
Wǒ shì gōngzuò.

④ 你 妹妹 做 什么 工作？
Nǐ mèimei zuò shénme gōngzuò?

A. 我 妹妹 学习 在 北京。[→D]
Wǒ mèimei xuéxí zài Běijīng.

B. 北京 我 妹妹 学习 在。[→D]
Běijīng wǒ mèimei xuéxí zài.

C. 我 妹妹 在 北京 学习。[→⑤]
Wǒ mèimei zài Běijīng xuéxí.

⑤ 你 的 中国 家庭 怎么样？
Nǐ de Zhōngguó jiātíng zěnmeyàng?

A. 我 的 中国 家庭 非常 好。[→A]
Wǒ de Zhōngguó jiātíng fēicháng hǎo.

B. 我 的 中国 家庭 有 爸爸、妈妈、妹妹。[→B]
Wǒ de Zhōngguó jiātíng yǒu bàba、māma、mèimei.

A. 太棒了，你的语法学得非常好！
Wonderful! You have learned the grammar very well.

B. 你的语法学得不错。不过要注意“怎么样”是询问印象，不是询问家庭成员。
You have learned the grammar well. However, 怎么样 is used to ask about your impression, not about the family members.

C. 这是“有”字句，详见语法点注释 1 。
This is a 有-sentence. Please refer to Grammar Note 1 for more details.

D. 介词结构“在……”的用法详见语法点注释 2 。注意不要受英语等其他语言语序的影响。
Please refer to Grammar Note 2 for the usage of the prepositional construction 在……. Do not be affected by the word order of other languages such as English.

3 听一听，答一答 Listen and answer

你将听到艾娜对家人的介绍。请根据录音选择正确答案。
This is Edna's introduction to her family. Please choose the right answers according to what you hear.

① 艾娜 在 哪儿？
Àinà zài nǎr?

A. 法国 Fǎguó　　B. 美国 Měiguó　　C. 中国 Zhōngguó

② 艾娜 家 有 几 口 人？（How many people are there in Edna's family?）
Àinà jiā yǒu jǐ kǒu rén?

A. 四 sì　　B. 五 wǔ　　C. 六 liù

③ 艾娜 的 爸爸 是 哪 国 人？
Àinà de bàba shì nǎ guó rén?

A. 法国 Fǎguó　　B. 美国 Měiguó　　C. 意大利 Yìdàlì (Italy)

④ 她 爸爸 在 哪儿 工作？
Tā bàba zài nǎr gōngzuò?

A. 医院 yīyuàn　　B. 大学 dàxué　　C. 饭店 fàndiàn

⑤ 她 哥哥 在 哪儿 工作？
Tā gēge zài nǎr gōngzuò?

A. 中国 Zhōngguó　　B. 美国 Měiguó　　C. 意大利 Yìdàlì

⑥ 她 弟弟 怎么样？
Tā dìdi zěnmeyàng?

A. 很 可爱 hěn kě'ài　　B. 很 幽默 hěn yōumò　　C. 又 高 又 帅 yòu gāo yòu shuài

十 文化小贴士 CULTURAL NOTES

（一）你知道吗 Do You Know

普通话里的亲属称谓 Appellations in Mandarin Chinese

中国自古以来注重礼仪，人与人之间的称呼非常重要。就亲属称谓而言，汉语比英语等语言要复杂得多。比如说，英语里的"uncle"在汉语里可能指"伯伯"（爸爸的哥哥）、"叔叔"（爸爸的弟弟）、"舅舅"（妈妈的哥哥或弟弟），也可能指"姑父"（爸爸的姐妹的爱人）、"姨父"（妈妈的姐妹的爱人）；而"aunt"可能是"姑母"（爸爸的姐妹）、"姨"（妈妈的姐妹），也可能是"伯母"（伯伯的爱人）、"婶母"（叔叔的爱人）。

中国历来以长者为尊，因此在介绍家庭成员时往往先介绍“哥哥姐姐”，再介绍“弟弟妹妹”，如果有两个哥哥，往往先介绍“大哥”，再介绍“二哥”。

Chinese people attached great importance to etiquette since ancient times, especially to the appellation among people. Chinese language is much more complicated than English in terms of the appellation for relatives. For example, the word “uncle” in English has many different equivalents in Chinese. It may refer to 伯伯 (bóbo, father’s elder brother), 叔叔 (shūshu, father’s younger brother), 舅舅 (jiùjiu, mother’s brother), 姑父(gūfu, husband of father’s sister), or 姨父 (yífu, husband of mother’s sister). While the word “aunt” in English may refer to 姑母(gūmǔ, father’s sister), 姨母 (yímǔ, mother’s sister), 伯母 (bómǔ, wife of father’s elder brother) or 婶母 (shěnmǔ, wife of father’s younger brother).

Since elders are respected in China, elder family members are usually introduced before younger ones. For example, elder siblings are usually introduced before younger siblings, and if one has two elder brothers, the eldest brother is often introduced before the second one.

（二）图片看中国　China in Pictures

老舍 Lǎoshě（1899~1966）

中国著名作家，著有小说《四世同堂》。这部小说以一个中国家庭四世同堂的生活为主线，反映了二战期间中国为世界反法西斯战争所作出的伟大贡献。

Lao She is a well-known Chinese writer. His novel *Four Generations under One Roof* talks about the life of a Chinese family with four generations living together and reflects the great contributions Chinese people made during the Second World War.

第六单元 Unit 6

谈时间
Talking about Time

话题 Topic	谈时间 Talking about time
任务目标 Instructional Objectives	学会询问与回答时点和时段，能表述什么时间做什么 Students can ask and answer questions about time, and can state one does something at a certain time.
重点词语 Key Words	现在 xiànzài、点 diǎn、刻 kè、半 bàn、差 chà、分 fēn、 小时 xiǎoshí、时间 shíjiān、长 cháng、大概 dàgài、左右 zuǒyòu
重点语句 Key Sentences	1. 现在几点？ Xiànzài jǐ diǎn? 2. 从这儿到机场要多长时间？ Cóng zhèr dào jīchǎng yào duō cháng shíjiān? 3. 大概一个多小时吧。 Dàgài yí ge duō xiǎoshí ba. 4. 我们现在先去吃饭吧，然后去机场接她。 Wǒmen xiànzài xiān qù chī fàn ba, ránhòu qù jīchǎng jiē tā.
语法点 Grammar Points	1. 钟点的读法 Tell the time 2. 时间词的用法 The usage of time words 3. 概数的表达 Expression of approximate numbers 4. “先……，然后……” The expression 先……，然后…… (first…, then…)

导入 WARM-UP

现在几点？

What time is it?

头脑风暴 BRAINSTORM

- 时间 shíjiān time
  - 现在 xiànzài now
  - 早上 zǎoshang morning
  - 上午 shàngwǔ morning
  - 中午 zhōngwǔ noon
  - 下午 xiàwǔ afternoon
  - 晚上 wǎnshang evening
  - 夜里 yèli night
  - 以前 yǐqián before
  - 以后 yǐhòu after
  - 点 diǎn o'clock
  - 零 líng zero
  - 刻 kè quarter
  - 分 fēn minute
  - 半 bàn half
  - 差 chà to be short of
  - 多长 duō cháng how long
  - 几 jǐ how many
  - 秒 miǎo second
  - 分钟 fēnzhōng minute
  - 小时 xiǎoshí hour
  - 多 duō more
  - 不到 bú dào less/fewer than
  - 左右 zuǒyòu around
  - 大概 dàgài probably
  - 起床 qǐ chuáng to get up
  - 吃 chī to eat
    - 早饭 zǎofàn breakfast
    - 午饭 wǔfàn lunch
    - 晚饭 wǎnfàn supper
  - 打扫 dǎsǎo to clean
    - 房间 fángjiān room
  - 洗 xǐ to wash
    - 衣服 yīfu clothes
  - 去 qù to go
    - 机场 jīchǎng airport
  - 接 jiē to pick up
    - 朋友 péngyou friend
  - 看 kàn to look, to watch
    - 电影 diànyǐng movie
  - 见面 jiàn miàn to meet
  - 学习 xuéxí to study
  - 睡觉 shuì jiào to sleep
  - 上班 shàng bān to go to work
  - 下班 xià bān to get off work
  - 上课 shàng kè to go to class
  - 下课 xià kè to finish class

一 生词总动员 WORD POWER

1 现在几点 What time is it

（1）看闹钟，说时间。 Look at these clocks and tell the time.

七 点
qī diǎn

八 点 零 五（分）
bā diǎn líng wǔ (fēn)

九 点 十五（分）/九 点 一 刻
jiǔ diǎn shíwǔ (fēn)/jiǔ diǎn yí kè

十 点 半/ 十 点 三十（分）
shí diǎn bàn/shí diǎn sānshí (fēn)

十一 点 四十五(分)
shíyī diǎn sìshíwǔ (fēn)

十一 点 五十（分）/差 十 分 十二 点
shíyī diǎn wǔshí (fēn)/chà shí fēn shí'èr diǎn

例

现在……。
Xiànzài …….

（2）请用不同的方法表述以下时间。 Express the time in different ways.

A. 7:15 七点十五 ________
B. 4:30 ________ ________
C. 5:45 ________ ________
D. 12:57 ________ ________

（3）看闹钟，说时间。 Look at these clocks and tell the time.

早上 六点
zǎoshang liù diǎn

上午 十 点 半
shàngwǔ shí diǎn bàn

中午 十二 点
zhōngwǔ shí'èr diǎn

下午四点一刻
xiàwǔ sì diǎn yí kè

晚上 八点
wǎnshang bā diǎn

夜里一点
yèli yì diǎn

例

现在 是……。
Xiànzài shì …….

(4) 请根据上边的时间猜出以下生词的意思，并找出与它们相对应的图片。

Guess the meanings of the following new words according to the time indicated above and then find their corresponding pictures.

a. 早上	b. 上午	c. 中午	d. 下午	e. 晚上	f. 夜里
zǎoshang	shàngwǔ	zhōngwǔ	xiàwǔ	wǎnshang	yèli

______

b. 上午

______

______

______

______

2 你几点上课 What time does your class start

两人活动 请读出下面的时间，并给这些时间搭配一个合适的活动。

Pair work: Read the time and match it with the corresponding activity.

10:10	6:45	16:30	22:15	15:05
8:30	9:00	11:40	17:25	22:40

______上 课
shàng kè

______下课
xià kè

______上 班
shàng bān

______下 班
xià bān

______起 床
qǐ chuáng

______打扫 房间
dǎsǎo fángjiān

10: 10 洗衣服
xǐ yīfu

______学习
xuéxí

______吃 饭
chī fàn

______见 朋友
jiàn péngyou

______睡 觉
shuì jiào

例

我十点十分洗衣服。
Wǒ shí diǎn shí fēn xǐ yīfu.

3 这个电影多长时间 How long is this movie

两人活动 请根据给出的时间信息，将下边的表格补充完整，然后仿照例子造句。

Pair work: Please complete the following table according to the given information and make sentences following the example.

电影 名称 Name of the movie diànyǐng míngchēng	时间 Time shíjiān	片长 Duration piànchánɡ
《就是这样》 *This Is It* 《Jiù Shì Zhèyàng》	19：00～20：55	1 小时 55 分钟 yì xiǎoshí wǔshíwǔ fēnzhōng
《2012》 《Èr Líng Yī Èr》	19：00～20：35	
《梅兰芳》 *Forever Enthralled* 《Méi Lánfāng》	20：00～22：27	
《阿凡达》 *Avatar* 《Āfándá》	11：20～14：02	

例

这个 电影 从 晚上 七点 到 八点 五十五，
Zhège diànyǐng cóng wǎnshang qī diǎn dào bā diǎn wǔshíwǔ,
要一小时 五十五 分钟。
yào yì xiǎoshí wǔshíwǔ fēnzhōng.

生词大盘点 VOCABULARY LIST

1	现在	xiànzài	名	now
2	点	diǎn	量	(*measure word for hours*) o'clock
3	分	fēn	名/量	minute; *measure word for minutes*
4	刻	kè	量	*measure word for quarters*
5	半	bàn	数	half
6	差	chà	动	to be short of

7	时间	shíjiān	名	time
8	多	duō	数	more
9	小时	xiǎoshí	名	hour
10	分钟	fēnzhōng	名	minute
11	大概	dàgài	副	around, approximately
12	早上	zǎoshang	名	morning
13	上午	shàngwǔ	名	morning
14	中午	zhōngwǔ	名	noon
15	下午	xiàwǔ	名	afternoon
16	晚上	wǎnshang	名	evening
17	夜里	yèli	名	night
18	上课	shàng kè		to go to class
19	下课	xià kè		to finish class
20	上班	shàng bān		to go to work
21	下班	xià bān		to get off work
22	起床	qǐ chuáng		to get up
23	睡觉	shuì jiào		to sleep
24	吃	chī	动	to eat
25	早饭	zǎofàn	名	breakfast
26	午饭	wǔfàn	名	lunch
27	晚饭	wǎnfàn	名	supper
28	打扫	dǎsǎo	动	to clean
29	房间	fángjiān	名	room
30	洗	xǐ	动	to wash
31	衣服	yīfu	名	clothes
32	坐	zuò	动	to take (a bus, an airplane, etc.)
33	飞机	fēijī	名	airplane
34	火车	huǒchē	名	train
35	从	cóng	介	from
36	到	dào	动	to arrive
37	要	yào	能动	to need
38	想	xiǎng	能动	to want
39	去	qù	动	to go

40	机场	jīchǎng	名	airport
41	先	xiān	副	first
42	然后	ránhòu	连	then
43	接	jiē	动	to pick up
44	以前	yǐqián	名	before
45	以后	yǐhòu	名	after
46	走	zǒu	动	to go, to walk

三 任务及活动 TASKS AND ACTIVITIES

（一）任务示范 Task Demonstration

故事场景 李伟和张丽打算去机场接李伟的同事查理。

The scene of the story: Li Wei and Zhang Li are going to pick up Li Wei's colleague Charlie at the airport.

张丽：现在 几 点？
Zhāng Lì: Xiànzài jǐ diǎn?

李伟：差 一 刻 十一 点。
Lǐ Wěi: Chà yí kè shíyī diǎn.

张丽：查理 的 飞机 几点 到？
Zhāng Lì: Chálǐ de fēijī jǐ diǎn dào?

李伟：下午 两 点 半 到。
Lǐ Wěi: Xiàwǔ liǎng diǎn bàn dào.

张丽：我们 现在 先 去吃 饭吧，然后 去 机 场 接他。
Zhāng Lì: Wǒmen xiànzài xiān qù chī fàn ba, ránhòu qù jīchǎng jiē tā.

李伟：从 这儿到 机场 要 多 长 时间？
Lǐ Wěi: Cóng zhèr dào jīchǎng yào duō cháng shíjiān?

张丽：大概 一 个 多 小时 吧。我 们 一 点 以前 走。
Zhāng Lì: Dàgài yí ge duō xiǎoshí ba. Wǒmen yì diǎn yǐqián zǒu.

（二）分步任务活动 Implement Tasks Step by Step

1 东京现在几点 What time is it in Tokyo now

两人活动 请根据宾馆前台的时钟，问答各城市现在的时间。

Pair work: Please ask and answer questions about the time in different cities according to the clocks at the information counter of a hotel.

(1) 北京 Běijīng Beijing | 东京 Dōngjīng Tokyo | 伦敦 Lúndūn London | 巴黎 Bālí Paris

(2) 北京 Běijīng Beijing | 多伦多 Duōlúnduō Toronto | 纽约 Niǔyuē New York | 开罗 Kāiluó Cairo

例

A: 北京 现在 是 下午 一 点 半，东京 现在 几 点？
Běijīng xiànzài shì xiàwǔ yì diǎn bàn，Dōngjīng xiànzài jǐ diǎn?

B: 东京 现在 是 下午 两 点 半。
Dōngjīng xiànzài shì xiàwǔ liǎng diǎn bàn.

2 张丽的一天 A day in Zhang Li's life

小组活动 请根据张丽的时间表，问答张丽一天的安排。

Group activity: Ask and answer questions based on Zhang Li's schedule.

张丽的一天
Zhāng Lì de Yì Tiān

8:30 起床 qǐ chuáng → 9:00 吃早饭 chī zǎofàn → 10:15 洗衣服 xǐ yīfu → 11:20 打扫房间 dǎsǎo fángjiān → 12:10 吃午饭 chī wǔfàn → 2:30 去机场接朋友 qù jīchǎng jiē péngyou → 5:45 吃晚饭 chī wǎnfàn → 7:30 看电影 kàn diànyǐng → 12:00 睡觉 shuì jiào

例

A: 张丽几点吃早饭?
Zhāng Lì jǐ diǎn chī zǎofàn?

B: 她九点吃早饭。
Tā jiǔ diǎn chī zǎofàn.

A: 张丽十一点二十做什么?
Zhāng Lì shíyī diǎn èrshí zuò shénme?

B: 她要打扫房间。
Tā yào dǎsǎo fángjiān.

3 用概数 Use approximate numbers

表演活动 你在房间等朋友，你打电话问他几点到。你的朋友要想出尽量多的回答。

Role playing: You call your friend for the time of his arrival while waiting in the room. Your friend should think of as many different responses as possible.

现在
xiànzài

例

A: 你 几 点 到?
Nǐ jǐ diǎn dào?

B: 我 Wǒ

大概 十一点 半 左右 dàgài shíyī diǎn bàn zuǒyòu
十一点 半 多 shíyī diǎn bàn duō
不到 十二点 bú dào shí'èr diǎn
大概 一 个 多 小时 以后 dàgài yí ge duō xiǎoshí yǐhòu

到。dào.

我……到。
Wǒ……dào.

现在 xiànzài

我……到。
Wǒ……dào.

现在 xiànzài

小组活动 猜猜他/她是谁。每组找出一名同学，通过问答描述这个同学的特点，让其他同学猜他/她是谁。

Group activity: Guess who he/she is. Find a student from each group. Ask and answer questions to describe his/her characteristics and ask other students to guess who he/she is.

例

A: 他 25 岁 左右，对 吗?
Tā èrshíwǔ suì zuǒyòu, duì ma?

B: 不 是，他 30 多 岁，不 到 40 岁。
Bú shì, tā sānshí duō suì, bú dào sìshí suì.

A: 他 很 高 吗?
Tā hěn gāo ma?

B: ……

(三) 综合任务活动 Comprehensive Tasks

1 火车几点到 What time does the train arrive

表演活动：查理去苏州出差，今天坐火车回北京，上午10:45到。现在8:00，你们商量去火车站接查理的时间。

Role playing: Charlie took a business trip to Suzhou. He will come back to Beijing today at 10:45 am. It is 8:00 am now. Discuss with your partner about the time to pick up Charlie at the railway station.

例

A: ……的 火车 几点 到？
…… de huǒchē jǐ diǎn dào?

B: ……

A: 现在……？
Xiànzài……?

B: ……

A: 我们 先……，然后……。
Wǒmen xiān ……, ránhòu …….

2 我们去看电影吧 Let's go to the movie

表演活动：张丽、李伟要去看电影《2012》。张丽想先去吃饭。根据提示，完成对话。

Role playing: Zhang Li and Li Wei will go to the movie *2012*. Zhang Li wants to eat her meal first. Complete the dialogue based on the given information.

2012 160分钟 英语灾难片	15:55 20:30	17:25 22:05	19:00
2012（数字） 160分钟 英语灾难片	16:40	19:45	22:50
2012（数字） 160分钟 国语灾难片	18:15	21:20	

例

李伟：	我们 去 看……吧！
Lǐ Wěi：	Wǒmen qù kàn …… ba!
张丽：	好（OK）。……多 长 时间？
Zhāng Lì：	Hǎo. …… duō cháng shíjiān?
李伟：	……。
Lǐ Wěi：	…….
张丽：	……几点 开始？
Zhāng Lì：	…… jǐ diǎn kāishǐ?
李伟：	……。
Lǐ Wěi：	…….
张丽：	我们 先……，然后……。
Zhāng Lì：	Wǒmen xiān……, ránhòu…….
李伟：	……。
Lǐ Wěi：	…….

3 他们几点上课 When do they go to class

表演活动 听录音，记录信息并进行角色扮演：艾娜想请李伟教她说汉语，现在他们正在商量上课的时间。

Role playing: Listen to the recording. Take a note and then play the roles. Edna wants Li Wei to teach her Chinese. They are discussing their class schedule.

艾娜 Àinà

7点起床 qī diǎn qǐ chuáng	______ 吃早饭 chī zǎofàn
______ 上课 shàng kè	12点 ______ shí'èr diǎn
______ 吃午饭 chī wǔfàn	下午2点 ______ xiàwǔ liǎng diǎn
______ 吃晚饭 chī wǎnfàn	______ 睡觉 shuì jiào

李伟 Lǐ Wěi

______ 起床 qǐ chuáng

6点半 ______ liù diǎn bàn

______ 上班 shàng bān

下午5点半 ______ xiàwǔ wǔ diǎn bàn

______ 吃晚饭 chī wǎnfàn

______ 睡觉 shuì jiào

例

你 几 点 吃 午饭？
Nǐ jǐ diǎn chī wǔfàn?
我 12 点 下 课，你 呢？
Wǒ shí'èr diǎn xià kè, nǐ ne?
你 下午 两 点 多 做 什么？
Nǐ xiàwǔ liǎng diǎn duō zuò shénme?
……

4 预订饭馆 Make a reservation at a restaurant

班级活动 明天是你的同学的生日，你们现在要预订饭馆。

Class activity: Tomorrow is one of your classmates' birthday and you are going to make a reservation at a restaurant.

例

A: 你 好，我 想 预订（to reserve）。
Nǐ hǎo, wǒ xiǎng yùdìng.
B: 你们 几个 人？
Nǐmen jǐ ge rén?
A: 大概……。
Dàgài…….
B: 你们 几 点 到？
Nǐmen jǐ diǎn dào?
A: ……左右。
……zuǒyòu.

5 设计一条合理的旅游路线 Plan a travel route

表演活动 你的朋友要从北京去上海、杭州和南京旅行，请根据下边的时刻表帮他设计一条旅行路线。

Role playing: Your friend will go to Shanghai, Hangzhou and Nanjing from Beijing. Please plan a travel route for him in accordance with the following timetable.

	飞机 fēijī	火车 huǒchē
北京→上海 Běijīng→Shànghǎi	08 : 55～10 : 50	
北京→杭州 Běijīng→Hángzhōu	8 : 15～10 : 00	
北京→南京 Běijīng→Nánjīng	13 : 55～ 15 : 45	
上海→杭州 Shànghǎi→Hángzhōu		05 : 09～07 : 43
杭州→上海 Hángzhōu→Shànghǎi		11 : 40～14 : 36
南京→上海 Nánjīng→Shànghǎi		00 : 14～03 : 58
上海→南京 Shànghǎi→Nánjīng		05 : 10～09 : 05
杭州→南京 Hángzhōu→Nánjīng		07 : 32～14 : 56
南京→杭州 Nánjīng→Hángzhōu		01 : 08～06 : 35

例

A: 你 想 去哪儿?
Nǐ xiǎng qù nǎr?

B: 我 想 去……、……和……。
Wǒ xiǎng qù……、……hé…….

A: 怎么 去?
Zěnme qù?

B: 我 想 先 坐……到……,
Wǒ xiǎng xiān zuò ……dào……,

然后 从…… 坐……到……, ……。
ránhòu cóng …… zuò…… dào……, …….

四 语法点注释 GRAMMAR NOTES

1 钟点的读法 Tell the time

3:00 三点 sān diǎn

4:05 四点零五（分） sì diǎn líng wǔ (fēn)

5:15 五点十五（分）/五点一刻 wǔ diǎn shíwǔ (fēn) / wǔ diǎn yí kè

7:30 七点半/七点三十（分） qī diǎn bàn / qī diǎn sānshí (fēn)

8:45 八点 四十五（分）/差一刻九点/ 差 十五 分九 点
bā diǎn sìshíwǔ (fēn) / chà yí kè jiǔ diǎn / chà shíwǔ fēn jiǔ diǎn

12:50 十二 点 五十（分）/差 十 分一点
shí'èr diǎn wǔshí (fēn) / chà shí fēn yì diǎn

2 时间词的用法 The usage of time words

（1）时间词做状语时，可以放在主语之后，也可放在主语之前。例如：

When time words are used as adverbials, they can be preceded or followed by the subject, e.g.,

① 我 下午 洗 衣服。
Wǒ xiàwǔ xǐ yīfu.

② 下午 我 洗 衣服。
Xiàwǔ wǒ xǐ yīfu.

（2）做状语的时间词有两个以上时，范围大的词在前边。例如：

When more than two time words are used as the adverbial, the word showing a longer period of time comes first, e.g.,

③ 我 晚上 十 点 四十 睡 觉。
Wǒ wǎnshang shí diǎn sìshí shuì jiào.

3 概数的表达 Expression of approximate numbers

表示概数的方法有以下几种：

There are several ways to indicate approximate numbers:

（1）数词“多”用在“百、千、万”等数词后边表示多于前面的数目。“多”表示10以下的数目时，要放在数量词之后。例如：

The numeral 多 (duō) is used after a numeral such as 百 (bǎi), 千 (qiān), or 万 (wàn) to indicate this number is larger than the one mentioned above. For a number below 10, 多 is used after the measure word, e.g.,

① 一个 多 小时
yí ge duō xiǎoshí

② 一百 多 个 人
yìbǎi duō ge rén

（2）数词后边加上“左右”或数词前面加上“不到”表示概数。例如：
The numeral followed by 左右(zuǒyòu) or preceded by 不到(bú dào) indicates an approximate number, e.g.,

③ 八 点 左右
bā diǎn zuǒyòu

④ 不 到 五 个 小时
bú dào wǔ ge xiǎoshí

4 “先……，然后……” The expression 先……，然后……(first…, then…)

“先……，然后……”表示动作或行为一个发生在前，一个发生在后。例如：
The construction 先……，然后…… indicates two actions or behaviors happening in succession, e.g.,

我们 先 吃 饭，然后 去 机场。
Wǒmen xiān chī fàn, ránhòu qù jīchǎng.

五 学习后任务 REVIEW TASKS

1 你去哪儿了 Where did you go

调查活动 了解三位好朋友最近一次出行的情况，完成下表。

Investigation: Ask three of your good friends about their latest trip and complete the following table.

姓名	从……到……	坐……	几点走	几点到	多长时间

2 我的一天 A day in my life

以“我的一天”为题，写一篇文章。
Write an essay on “A Day in My Life”.

例

今天 早上 我 7 点 起 床， 7 点 半 和 妈妈 一起 吃 早饭。……
Jīntiān zǎoshang wǒ qī diǎn qǐ chuáng, qī diǎn bàn hé māma yìqǐ chī zǎofàn. ……

六 自我评估 SELF-EVALUATION

1 你认识这些生词吗 Do you know these new words

请在你认识的生词前面打✓，然后数一下你认识的生词数。
Please tick ✓ before the words you know, and then count them.

□现在	□点	□差	□分	□刻	□零
□半	□时间	□分钟	□小时	□早上	□上午
□中午	□下午	□晚上	□夜里	□上课	□下课
□上班	□下班	□起床	□睡觉	□吃	□早饭
□打扫	□房间	□洗	□衣服	□坐	□飞机
□火车	□从	□到	□要	□去	□机场
□先	□然后	□接	□以前	□以后	□走
□大概	□左右				

认识 25～44 个：太棒了！
Knowing 25-44 words: Wonderful!

认识 10～24 个：不错，要更加努力。
Knowing 10-24 words: Good. Please make more efforts.

认识 10 个以下：得复习复习。加油啊！
Knowing fewer than 10 words: Please review the lesson. Come on!

2 选一选，测一测 Choose and test

在正确的句子或合适的答句前打√，看看你语法学得怎么样。

Tick √ before the correct sentences or answers to check how well you have learned the grammar.

① A. 现在 七点 五。[→②]
Xiànzài qī diǎn wǔ.

B. 现在 七 点 零 五。[→③]
Xiànzài qī diǎn líng wǔ.

② A. 十二 分 十二 点。[→D]
Shí'èr fēn shí'èr diǎn.

B. 差 十二 分 十二 点。[→③]
Chà shí'èr fēn shí'èr diǎn.

③ A. 我 十一 点 睡 觉。[→⑤]
Wǒ shíyī diǎn shuì jiào.

B. 我 睡 觉 十一 点。[→④]
Wǒ shuì jiào shíyī diǎn.

④ A. 我 早上 七点 起 床。[→⑤]
Wǒ zǎoshang qī diǎn qǐ chuáng.

B. 我 十二 点 中午 吃 午饭。[→D]
Wǒ shí'èr diǎn zhōngwǔ chī wǔfàn.

⑤ A. 去那儿坐飞机一个 多 小时。[→⑦]
Qù nàr zuò fēijī yí ge duō xiǎoshí.

B. 去那儿坐飞机一 点 多。[→⑥]
Qù nàr zuò fēijī yì diǎn duō.

⑥ 这个 电影 多 长 时间？
Zhège diànyǐng duō cháng shíjiān?

A. 两 个 小时 左右。[→⑦]
Liǎng ge xiǎoshí zuǒyòu.

B. 两 点 左右。[→C]
Liǎng diǎn zuǒyòu.

⑦ 我们 先 做 什么？
Wǒmen xiān zuò shénme?

A. 吃 饭 先，然后 去 机场。[→B]
Chī fàn xiān, ránhòu qù jīchǎng.

B. 先 吃 饭，然后 去 机场。[→A]
Xiān chī fàn, ránhòu qù jīchǎng.

A. 太棒了，你的语法学得非常好！

Wonderful! You have learned the grammar very well!

B. 你的语法学得不错，不过有一个问题，要注意“先……，然后……”的用法。请看一下语法点注释 4，然后再试一试。

You have learned the grammar well. However, you need to note the usage of 先……，然后……. Please refer to Grammar Note 4 and then try again.

C. 请认真看一下语法点注释 3 的概数部分，然后再试一试。

Please read carefully Grammar Note 3 on approximate numbers, and then try again.

D. 钟点的读法和时间词的用法还要多注意啊！

Please make more efforts on how to tell the time and the usage of time words.

3 听一听，填一填 Listen and fill in the table

你将听到大家周末打扫房间所用的时间。听录音后完成下面的表格，并找出谁用的时间最短。

You will hear how much time everybody spent in cleaning the house at the weekend. Complete the following table and find out who used the shortest time.

姓名 Name	从几点 From	到几点 To	多长时间 Duration	时间最短 Fastest
小丽 Xiǎolì				
王山 Wáng Shān				
李伟 Lǐ Wěi				

十 文化小贴士 CULTURAL NOTES

（一）你知道吗 Do You Know

中国有句俗话："一日之计在于晨。"意思是：一天当中，最好的时间是在早上，所以我们要珍惜早上的时间。

A Chinese saying goes that it's important to have a good start in the morning to have a good day. It means morning is the best time of a day for work, so we should make full use of it.

（二）图片看中国 China in Pictures

早上，公园里，人们在锻炼身体

Zǎoshang, gōngyuán li, rénmen zài duànliàn shēntǐ

People are doing physical exercises in the park in the morning.

北京首都国际机场

Běijīng Shǒudū Guójì Jīchǎng

Beijing Capital International Airport (BCIA)

青岛到武汉飞机票价格（民航总局规定价格）		
头等舱	商务舱	经济舱
1500	1300	1000

青岛到武汉的航班表					
图标	航空公司	航班号	青岛起飞时间	到达武汉时间	飞机型号
	中国国际航空公司	CA4639	07:35	09:30	738
	山东航空公司	SC4639	07:35	09:30	738
	东方航空公司	MU2518	14:30	16:20	733
	南方航空公司	CZ3632	15:50	17:45	738

航班表 hángbānbiǎo flight time table

第七单元
Unit 7

谈日程安排
Talking about Schedules

话题 **Topic**	谈日程安排 Talking about schedules
任务目标 **Instructional Objectives**	学会问答日期及计划安排，并能进行简单表述 Students can ask and answer questions about dates and their plans, and can also tell their schedules or arrangements in simple language.
重点词语 **Key Words**	年 nián、月 yuè、日 rì、号 hào、星期 xīngqī、参加 cānjiā、生日 shēngrì、晚会 wǎnhuì、送 sòng
重点语句 **Key Sentences**	1. 今天几月几号？星期几？ Jīntiān jǐ yuè jǐ hào? Xīngqī jǐ? 2. 你的生日是几月几号？ Nǐ de shēngrì shì jǐ yuè jǐ hào? 3. 你来参加我的生日晚会吧。 Nǐ lái cānjiā wǒ de shēngrì wǎnhuì ba. 4. 到时候我送你一个大蛋糕。 Dào shíhou wǒ sòng nǐ yí ge dà dàngāo.
语法点 **Grammar Points**	1. 年、月、日及星期的表达 Expression of the year, month, date and days of a week 2. 名词谓语句（2） The sentence with a nominal predicate (2) 3. 双宾语句 The sentence with double objects

导入 WARM-UP

你知道你们班同学的生日吗？

Do you know your classmates' birthdays?

一 头脑风暴 BRAINSTORM

日期 date
rìqī

年 year
nián

- 大前年 three years ago
  dàqiánnián
- 前年 the year before last
  qiánnián
- 去年 last year
  qùnián
- 今年 this year
  jīnnián
- 明年 next year
  míngnián
- 后年 the year after next
  hòunián
- 大后年 three years from now
  dàhòunián

月 month
yuè

- 上个月 last month
  shàng ge yuè
- 这个月 this month
  zhège yuè
- 下个月 next month
  xià ge yuè

星期 week
xīngqī

- 这（个）星期
  zhè (ge) xīngqī
  this week
  - 星期一 Monday
    xīngqīyī
  - 星期二 Tuesday
    xīngqī'èr
  - 星期三 Wednesday
    xīngqīsān
  - 星期四 Thursday
    xīngqīsì
  - 星期五 Friday
    xīngqīwǔ
  - 周末 weekend
    zhōumò
    - 星期六 Saturday
      xīngqīliù
    - 星期日/天 Sunday
      xīngqīrì/tiān
- 下（个）星期 next week
  xià (ge) xīngqī
- 上（个）星期 last week
  shàng (ge) xīngqī

日/号 date
rì / hào

- 大前天 three days ago
  dàqiántiān
- 前天 the day before yesterday
  qiántiān
- 昨天 yesterday
  zuótiān
- 今天 today
  jīntiān
- 明天 tomorrow
  míngtiān
- 后天 the day after tomorrow
  hòutiān
- 大后天 three days from now
  dàhòutiān

二 生词总动员 WORD POWER

1 汉语的日期 Talk about dates in Chinese

两人活动：认识汉语的年、月、日和星期。

Pair work: Learn the year, month, date and days of a week in Chinese.

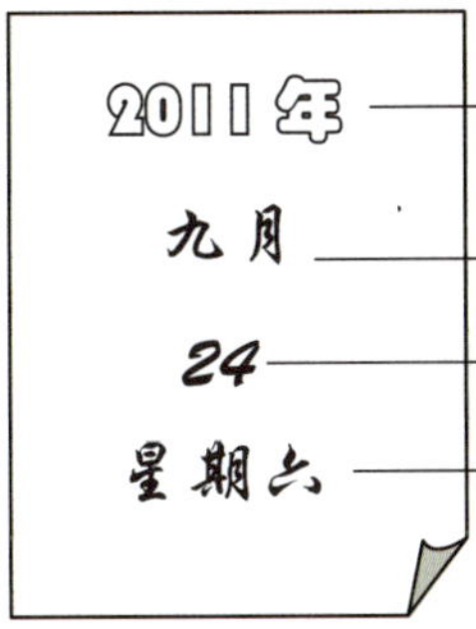

年 nián year

月 yuè month

日/号 rì/hào date

星期 xīngqī day of a week

2011 年 9月 24 日 星期六
Èr líng yī yī nián jiǔyuè èrshísì rì xīngqīliù

例

9月 4 号 星期 几?
Jiǔyuè sì hào xīngqī jǐ?

今天 几 月 几 号?
Jīntiān jǐ yuè jǐ hào?

两人活动：从下面的日历中任意挑选日期，相互问答。

Pair work: Ask and answer questions about the dates in the following calendar.

2011年9月

星期日 xīngqīrì	星期一 xīngqīyī	星期二 xīngqī'èr	星期三 xīngqīsān	星期四 xīngqīsì	星期五 xīngqīwǔ	星期六 xīngqīliù
				1	2 今天 jīntiān	3
4	5	6	7	8	9	10
11	12	13	14	15	16	17
18	19	20	21	22	23	24
25	26	27	28	29	30	

2 谈节日 Talk about festivals

两人活动 看日历，问答重要节日的日期。

Pair work: Look at the calendar to ask and answer questions about the important festivals.

2011年12月

星期日 xīngqīrì	星期一 xīngqīyī	星期二 xīngqī'èr	星期三 xīngqīsān	星期四 xīngqīsì	星期五 xīngqīwǔ	星期六 xīngqīliù
25 圣诞节 Shèngdàn Jié Christmas	26	27	28	29	30	31

2012年1月

星期日 xīngqīrì	星期一 xīngqīyī	星期二 xīngqī'èr	星期三 xīngqīsān	星期四 xīngqīsì	星期五 xīngqīwǔ	星期六 xīngqīliù
1 新年 xīnnián New Year	2	3	4	5	6	7

例

圣诞节 是 几 月 几 号？
Shèngdàn Jié shì jǐ yuè jǐ hào?

3 谈年 Talk about the year

两人活动 说说明年、后年 、去年、前年都是哪一年？并写在下面的表格里。

Pair work: Tell which years next year, the year after next, last year and the year before last are respectively, and then fill out the following form.

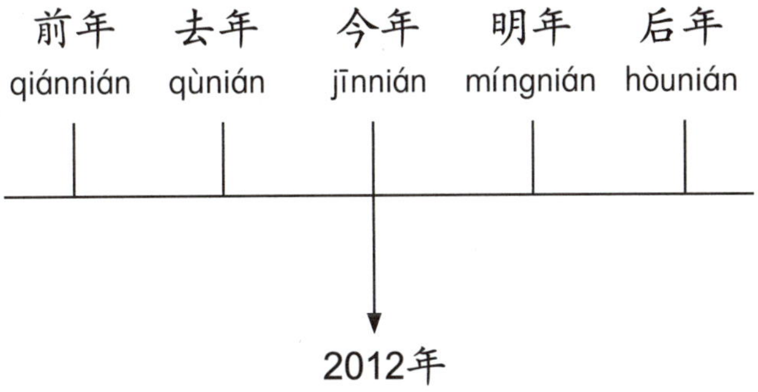

明年 míngnián	
后年 hòunián	
去年 qùnián	
前年 qiánnián	

例

后年 是 哪 一 年？
Hòunián shì nǎ yì nián?

生词大盘点 VOCABULARY LIST

1	月	yuè	名	month
2	日/号	rì / hào	名	date
3	下	xià	名	next
4	星期	xīngqī	名	week
5	星期日/天	xīngqīrì / tiān	名	Sunday
6	今天	jīntiān	名	today
7	昨天	zuótiān	名	yesterday
8	明天	míngtiān	名	tomorrow
9	今年	jīnnián	名	this year
10	去年	qùnián	名	last year
11	明年	míngnián	名	next year
12	后年	hòunián	名	the year after next
13	圣诞节	Shèngdàn Jié	名	Christmas
14	生日	shēngrì	名	birthday
15	晚会	wǎnhuì	名	party
16	参加	cānjiā	动	to take part in
17	送	sòng	动	to send, to give
18	蛋糕	dàngāo	名	cake
19	礼物	lǐwù	名	present, gift
20	时候	shíhou	名	time, moment
21	结婚	jié hūn		to marry
22	婚礼	hūnlǐ	名	wedding
23	红包	hóngbāo	名	red paper packet containing money as a gift
24	事	shì	名	matter, thing, affair
25	问题	wèntí	名	question, problem

二 任务及活动 TASKS AND ACTIVITIES

(一) 任务示范 Task Demonstration

故事场景 张丽和艾娜在聊天儿。

The scene of the story: Zhang Li is chatting with Edna.

艾娜： 下个月9号是我的生日，
Àinà: Xià ge yuè jiǔ hào shì wǒ de shēngrì,
你来参加我的生日晚会吧。
nǐ lái cānjiā wǒ de shēngrì wǎnhuì ba.

张丽： 9号星期几？
Zhāng Lì: Jiǔ hào xīngqī jǐ?

艾娜： 星期天。
Àinà: Xīngqītiān.

张丽： 星期天…… 上午我有事，晚上没问题。
Zhāng Lì: Xīngqītiān…… shàngwǔ wǒ yǒu shì, wǎnshang méi wèntí.
到时候我送你一个大蛋糕。
Dào shíhou wǒ sòng nǐ yí ge dà dàngāo.

艾娜： 谢谢。你的生日是几月几号？我也要送你礼物。
Àinà: Xièxie. Nǐ de shēngrì shì jǐ yuè jǐ hào? Wǒ yě yào sòng nǐ lǐwù.

张丽： 后年送吧。
Zhāng Lì: Hòunián sòng ba.

艾娜： 为什么？
Àinà: Wèi shénme?

张丽： 我的生日是2月29号。
Zhāng Lì: Wǒ de shēngrì shì èryuè èrshíjiǔ hào.

（二）分步任务活动 Implement Tasks Step by Step

1 他们的生日是几月几号 When are their birthdays

两人活动 根据身份证上显示的信息进行问答，并猜猜他们之间的关系。

Pair work: Work in pairs and ask and answer questions in accordance with the information on their ID cards. Then guess their relationship.

姓名 xìngmíng	张丽 Zhāng Lì	
性别 xìngbié	女 nǚ	
出生 chūshēng	1988年1月9日 yī jiǔ bā bā nián yīyuè jiǔ rì	

姓名 xìngmíng	张大年 Zhāng Dànián	
性别 xìngbié	男 nán	
出生 chūshēng	1962年5月6日 yī jiǔ liù èr nián wǔyuè liù rì	

姓名 xìngmíng	李月 Lǐ Yuè	
性别 xìngbié	女 nǚ	
出生 chūshēng	1964年11月2日 yī jiǔ liù sì nián shíyīyuè èr rì	

例

A：你的生日是几月几号？
Nǐ de shēngrì shì jǐ yuè jǐ hào?

B：我的生日是……。
Wǒ de shēngrì shì…….

A：他今年多大？
Tā jīnnián duō dà?

B：他今年……。
Tā jīnnián…….

2 做一张全班同学的生日表 Make a birthday chart of the class

班级活动 问问同学们的生日是几月几号，想要什么生日礼物，然后给你们班做一张生日表。别忘了在他们生日那天说“生日快乐”。

Class activity: Ask when your classmates' birthdays are and what birthday gifts they want and then make a chart. Don't forget to wish them a happy birthday on those days.

例

A: 你 的 生日 是 几 月 几 号?
Nǐ de shēngrì shì jǐ yuè jǐ hào?

B: 我 的 生日 是……。
Wǒ de shēngrì shì…….

A: 今年 的 生日 你 想 要 什么 礼物?
Jīnnián de shēngrì nǐ xiǎng yào shénme lǐwù?

B: 我 想……。
Wǒ xiǎng…….

名字 míngzi	生日 shēngrì	礼物 lǐwù

例

汇报 Presentation

××的 生日 是 ×月 ×号，今年 的 生日 他 想……。
×× de shēngrì shì × yuè × hào, jīnnián de shēngrì tā xiǎng…….

3 你想送什么礼物 What presents do you want to give

小组活动 想一想：今年圣诞节、新年还有家人朋友的生日你都要送他们什么礼物？在下面的表格中填上礼物的名字，然后跟你的朋友们聊一聊，看看他们都想送什么礼物。

Group activity: Think what gifts you are going to give your family members and friends for Christmas, New Year and their birthdays. Fill out the following table with the names of the gifts and then exchange ideas with your friends.

巧克力 (chocolate)
qiǎokèlì

花 (flower)
huā

葡萄酒 (wine)
pútaojiǔ

手机 (cell phone)
shǒujī

杯子 (cup)
bēizi

蛋糕 (cake)
dàngāo

手表 (watch)
shǒubiǎo

书 (book)
shū

钟 (clock)
zhōng

领带 (tie)
lǐngdài

汽车 (car)
qìchē

衣服 (clothes)
yīfu

	生日 shēngrì	圣诞节 Shèngdàn Jié	新年 xīnnián	……
爸爸 bàba				
妈妈 māma				
老师 lǎoshī				
男/女朋友 nán/nǚpéngyou				
……				

例

A: 你爸爸的 生日 是几月几号?
Nǐ bàba de shēngrì shì jǐ yuè jǐ hào?

B: 我爸爸的 生日 是……。
Wǒ bàba de shēngrì shì…… .

A: 到 时候你 想 送 你爸爸什么 礼物?
Dào shíhou nǐ xiǎng sòng nǐ bàba shénme lǐwù?

B: 我 想 送我爸爸……。
Wǒ xiǎng sòng wǒ bàba…… .

A: 今年 圣诞 节你想 送爸爸 什么 礼物?
Jīnnián Shèngdàn Jié nǐ xiǎng sòng bàba shénme lǐwù?

B: 我 想 送 爸爸……。
Wǒ xiǎng sòng bàba…… .

（三）综合任务活动　Comprehensive Tasks

1 你什么时候结婚　When do you plan to get married

表演活动 两人一组，分别扮演角色 A 和 B，根据下面的提示进行会话。

Role playing: Work in pairs and play the roles of A and B. Make a dialogue using the following sentence patterns.

例

A：下个月……我结婚，你来……我的婚礼吧。
Xià ge yuè …… wǒ jié hūn, nǐ lái …… wǒ de hūnlǐ ba.

B：……号是星期几？
……hào shì xīngqī jǐ?

A：……

B：星期……我没事，没问题。到时候我……一个大红包。
Xīngqī ……wǒ méi shì, méi wèntí. Dào shíhou wǒ …… yí ge dà hóngbāo.

A：谢谢。你……结婚？
Xièxie. Nǐ …… jié hūn?

B：后年吧。
Hòunián ba.

2 谈日期　Talk about dates

表演活动 两人一组，根据下面电影票上的信息进行会话。

Role playing: Work in pairs. Make a dialogue according to the given information.

例

A：咱们几月几号去看电影？
Zánmen jǐ yuè jǐ hào qù kàn diànyǐng?

B：……

A：星期几？
Xīngqī jǐ?

B：……

A：太好了！到时候见。
Tài hǎo le! Dào shíhou jiàn.

《2012》
时间 date：2010年9月18日19：30
座位 seat：7排15座
票价 price：50元

表演活动 看下面的登机牌，说说艾娜几月几号回国。

Role playing: Look at the following boarding pass and tell when Edna will go back to her mother country.

例

A：艾娜 几 月 几 号 回 国？
Àinà jǐ yuè jǐ hào huí guó?

B：……

A：……？

B：星 期四。
Xīngqīsì.

A：太 好 了！……。
Tài hǎo le! …….

中国国际航空公司

航班号 FLIGHT：CA4109

姓名 NAME：艾娜 EDNA

到达站 DEST：纽约 NEW YORK

序号 BD NO.：171

日期 DATE：23SEP

座位号 SEAT：28B

3 谈日程表 Talk about the schedule

小组活动 下面是李伟 12 月的日程表。请和你的同学一起说说李伟几月几号做什么。

Group activity: This is Li Wei's schedule for December. Talk about his schedule with your classmates.

例

李伟 12月 7号 做 什么？
Lǐ Wěi shí'èryuè qī hào zuò shénme?

圣诞 节 是 几 月 几 号？星期 几？
Shèngdàn Jié shì jǐ yuè jǐ hào? Xīngqī jǐ?

2011年12月						
星期日 xīngqīrì	星期一 xīngqīyī	星期二 xīngqī'èr	星期三 xīngqīsān	星期四 xīngqīsì	星期五 xīngqīwǔ	星期六 xīngqīliù
				1	2	3 看 电影 kàn diànyǐng to go to the cinema
4	5	6 开会 kāi huì to attend a meeting	7	8	9	10
11	12 见 客户 jiàn kèhù to meet a customer	13	14	15 生日 shēngrì birthday	16	17
18	19	20	21	22 去 商店 qù shāngdiàn to go shopping	23 参加 晚会 cānjiā wǎnhuì to go to a party	24 平安夜 Píng'ānyè Christmas Eve
25 圣诞 节 Shèngdàn Jié Christmas	26 出差 chū chāi to go on a business trip	27	28	29	30	31

两人活动 做一下这个月你自己的日程表。想一想：下个月你要做些什么？写在下面的表里。然后跟你的朋友说一说。

Pair work: Make your own schedule for next month. Please think about your plan for next month. Fill out the form and talk about it with your friends.

第一个星期 dì yī ge xīngqī	
第二个星期 dì èr ge xīngqī	
第三个星期 dì sān ge xīngqī	
第四个星期 dì sì ge xīngqī	

例

下个月我想去看一次电影、去一次公园（park）。你呢？
Xià ge yuè wǒ xiǎng qù kàn yí cì diànyǐng、qù yí cì gōngyuán. Nǐ ne?

这么多事情，你想什么时候做呢？

When do you want to do these things?

A. 在下面的日历里写出几月几日做什么。

Write on the calendar what you are going to do on which day of which month.

B. 跟你的朋友说说你下个月要做的事。

Talk about the things you are going to do next month with your friends.

______年____月

星期日 xīngqīrì	星期一 xīngqīyī	星期二 xīngqī'èr	星期三 xīngqīsān	星期四 xīngqīsì	星期五 xīngqīwǔ	星期六 xīngqīliù

例

A：下 个 月 你 要……吗？
Xià ge yuè nǐ yào ……ma?

B：是 啊。
Shì a.

A：你几号……？
Nǐ jǐ hào ……?

B：我……号……。
Wǒ…… hào …….

A：……号 星期 几？
…… hào xīngqī jǐ?

B：……号 星期……。
…… hào xīngqī…….

四 语法点注释 GRAMMAR NOTES

1 年、月、日及星期的表达

Expression of the year, month, date and days of a week

汉语日期的表达按照从大到小的顺序，即：年、月、日。“年”的读法是直接读出每个数字。“日”和“号”都表示某一天，“日”用于书面语，“号”用于口语。汉语一周七天读成：星期一、星期二、星期三、星期四、星期五、星期六、星期天/日。例如：

In Chinese, dates are expressed in descending order, that is, 年 (nián) is followed by 月 (yuè) and 日 (rì). In 年, each number is read directly. Both 日 and 号 (hào) mean date; the former is used in written Chinese, while the latter is used in spoken Chinese. The seven days of a week in Chinese are expressed as follows: 星期一 (xīngqīyī), 星期二 (xīngqī'èr), 星期三 (xīngqīsān), 星期四 (xīngqīsì), 星期五 (xīngqīwǔ), 星期六 (xīngqīliù), 星期天/日 (xīngqītiān / rì), e.g.,

① 2011 年 7月 10日
Èr líng yī yī nián qīyuè shí rì

② A：今天 星期 几？
Jīntiān xīngqī jǐ?

B：今天 星期 三。
Jīntiān xīngqīsān.

2 名词谓语句（2） The sentence with a nominal predicate (2)

数量短语、时间词等可以做名词谓语句的谓语，用来表示时间、数量等。例如：

A numeral-measure phrase or a time word, etc. can be used as the nominal predicate to indicate quantity or time, etc., e.g.,

① 现在 7 点。
Xiànzài qī diǎn.

② 今天 不是 星期天，今天 星期六。
Jīntiān bú shì xīngqītiān, jīntiān xīngqīliù.

3 双宾语句 The sentence with double objects

汉语里，有些动词如“送、给、教、借、还、告诉、通知”等可以带两个宾语，前一个一般是指人的间接宾语，后一个一般是指物的直接宾语。例如：

In Chinese, some verbs such as 送 (sòng), 给(gěi), 教 (jiāo), 借 (jiè), 还 (huán), 告诉 (gàosu), 通知 (tōngzhī), etc., can be followed by two objects. In general, the former is an indirect object referring to somebody, while the latter is a direct object referring to something, e.g.,

① 我 送 你 一 个 大 蛋糕。
Wǒ sòng nǐ yí ge dà dàngāo.

② 妈妈 给 我 一 个 圣诞 礼物。
Māma gěi wǒ yí ge Shèngdàn lǐwù.

③ 老师 教 我们 汉语。
Lǎoshī jiāo wǒmen Hànyǔ .

五 学习后任务 REVIEW TASKS

调查活动 调查你知道的5位名人或朋友的生日，并向全班同学介绍。

Investigation: Investigate the birthdays of five celebrities or your friends and then make a presentation to the class.

	姓名 Name	生日 Birthday
1		
2		
3		
4		
5		

做一张自己下周的日程表，然后向其他人介绍你下周的安排。

Make your schedule for next week and present it to others.

星期一 xīngqīyī	星期二 xīngqī'èr	星期三 xīngqīsān	星期四 xīngqīsì	星期五 xīngqīwǔ	星期六 xīngqīliù	星期天 xīngqītiān

六 自我评估 SELF-EVALUATION

1 你认识这些生词吗 Do you know these new words

请在你认识的生词前面打✓，然后数一下你认识的生词数。

Please tick ✓ before the words you know, and then count them.

□年	□月	□日	□号	□星期	□生日
□晚会	□参加	□星期日	□时候	□送	□蛋糕
□礼物	□圣诞节	□后年	□下个月	□今天	□昨天
□今年	□去年	□明年	□红包	□婚礼	□结婚
□问题	□事				

认识 18 ~ 26 个：太棒了！
Knowing 18-26 words: Wonderful!

认识 9 ~ 17 个：不错，要更加努力。
Knowing 9-17 words: Good. Please make more efforts.

认识 9 个以下：得复习复习。加油啊！
Knowing fewer than 9 words: Please review the lesson. Come on!

2 选一选，测一测 Choose and test

在正确的句子或合适的答句前打✓，看看你语法学得怎么样。

Tick ✓ before the correct sentences or answers to check how well you have learned the grammar.

① 圣诞节是几月几号？
Shèngdàn Jié shì jǐ yuè jǐ hào?

A. 圣诞节是25号12月。[→③]
Shèngdàn Jié shì èrshíwǔ hào shí'èryuè.

B. 圣诞节是12月25号。[→②]
Shèngdàn Jié shì shí'èryuè èrshíwǔ hào.

② A. 我想送艾娜一个生日礼物。[→⑤]
Wǒ xiǎng sòng Àinà yí ge shēngrì lǐwù.

B. 我想送一个生日礼物艾娜。[→④]
Wǒ xiǎng sòng yí ge shēngrì lǐwù Àinà.

③ A. 2010年9月10日 [→②]
èr líng yī líng nián jiǔyuè shí rì

B. 2010年10日9月 [→D]
èr líng yī líng nián shí rì jiǔyuè

C. 10日9月2010年 [→D]
shí rì jiǔyuè èr líng yī líng nián

④ 参加朋友的婚礼，你要送她什么？
Cānjiā péngyou de hūnlǐ, nǐ yào sòng tā shénme?

A. 我要送她一个大红包。[→⑤]
Wǒ yào sòng tā yí ge dà hóngbāo.

B. 我要送一个大红包她。[→C]
Wǒ yào sòng yí ge dà hóngbāo tā.

⑤ 今天是星期三吗？
Jīntiān shì xīngqīsān ma?

A. 今天不星期三，今天星期四。[→B]
Jīntiān bù xīngqīsān, jīntiān xīngqīsì.

B. 今天不是星期三，今天星期四。[→A]
Jīntiān bú shì xīngqīsān, jīntiān xīngqīsì.

A. 太棒了，你的语法学得非常好！
Wonderful! You have learned the grammar very well.

B. 你的语法学得不错，只是要注意名词谓语句的否定语序，详见语法点注释 2。
You have learned the grammar well; however, you need to pay attention to the word order of the sentence with a nominal predicate in negative form. Please refer to Grammar Note 2 for more details.

C. 双宾语句的语序为“V+sb.+sth.”，详见语法点注释 3。
The word order for the sentence with double objects is: V+ sb. + sth. Please refer to Grammar Note 3 for more details.

D. 汉语的语序为：年、月、日，与英语的语序不同。详见语法点注释 1。
In contrast to English, in Chinese, 年 is followed by 月 and 日. Please refer to Grammar Note 1 for more details.

七 文化小贴士 CULTURAL NOTES

（一）你知道吗 Do You Know

中国人过生日的习俗
The Customs for Chinese to Celebrate Their Birthdays

中国人过生日的时候会吃面条，叫“长寿面”。吃“长寿面”的意思是希望过生日的人健康长寿。

When Chinese celebrate one's birthday, they usually eat noodles, which are known as longevity noodles. By eating longevity noodles, people wish the person whose birthday is being celebrated a healthy and long life.

送生日礼物时要注意，钟不能作为生日礼物。因为“送钟”与“送终”谐音，不吉利。

When giving a birthday gift, it is noteworthy that a clock cannot be given as a birthday gift. Since 送钟 (sòng zhōng, to give a clock as a present) is homophonic to 送终 (sòngzhōng, to attend upon a dying parent or other senior member of one's family) , which is inauspicious.

（二）图片看中国 China in Pictures

春节（农历正月初一）——逛庙会、放鞭炮

Chūn Jié (nónglì zhēngyuè chū yī) —— guàng miàohuì、fàng biānpào

The Spring Festival (on the first day of the first lunar month) — visit temple fairs and set off firecrackers

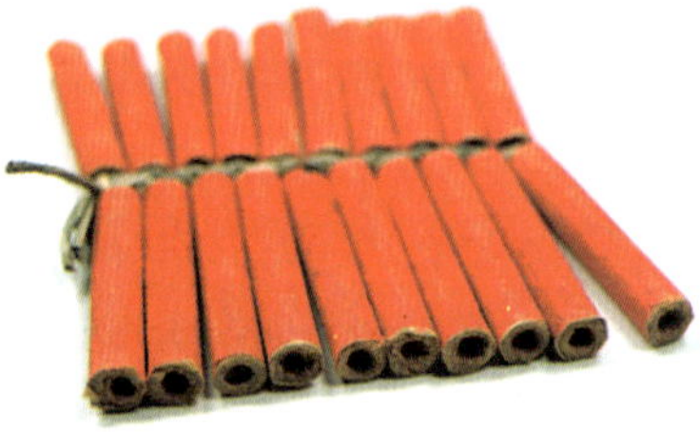

端午节（农历五月初五）——吃粽子、赛龙舟

Duānwǔ Jié (nónglì wǔyuè chū wǔ) —— chī zòngzi、sài lóngzhōu

The Dragon Boat Festival (on the fifth day of the fifth lunar month) — eat *zongzi* and hold dragon boat races

中秋节（农历八月十五）——吃月饼

Zhōngqiū Jié (nónglì bāyuè shíwǔ) —— chī yuèbing

The Mid-Autumn Festival (on the 15th day of the eighth lunar month) — eat moon cakes

第八单元
Unit 8

谈饮食
Talking about Food

话题 **Topic**	谈饮食 Talking about food
任务目标 **Instructional Objectives**	能在饭馆点菜，能表述自己喜欢吃什么菜、有什么忌口 Students can order food at a restaurant and can tell which food they like and which they avoid.
重点词语 **Key Words**	点（菜）diǎn（cài）、凉菜 liángcài、热菜 rècài、饮料 yǐnliào、主食 zhǔshí、（一）点儿 (yì) diǎnr、还是 háishi、忌口 jì kǒu
重点语句 **Key Sentences**	1. 您要吃点儿什么？ Nín yào chī diǎnr shénme? 2. 来一个北京烤鸭，再来一个凉菜。 Lái yí ge Běijīng kǎoyā，zài lái yí ge liángcài. 3. 你喝茶还是可乐？ Nǐ hē chá háishi kělè? 4. 别太辣。 Bié tài là.
语法点 **Grammar Points**	1. “（一）点儿”的用法 The usage of （一）点儿 2. “A 还是 B” The expression A 还是 B（A or B）

导入 WARM-UP

你喜欢吃中国菜吗？
Do you like eating Chinese food?

一 头脑风暴 BRAINSTORM

一 生词总动员 WORD POWER

1 谈味道 Talk about taste

两人活动 这些味道中，你喜欢哪一种？请在你喜欢的味道后面打✓，然后跟你的朋友说一说。

Pair work: Which of the following tastes do you like? Tick the ones you like and talk about them with your friends.

酸
suān
sour

甜
tián
sweet

苦
kǔ
bitter

辣
là
spicy

咸
xián
salty

例
我 喜欢 吃 甜 的。
Wǒ xǐhuan chī tián de.
你 呢？
Nǐ ne?

酸 suān	☐	酸甜 suān tián	☐
甜 tián	☐	酸辣 suān là	☐
苦 kǔ	☐	甜辣 tián là	☐
辣 là	☐	咸辣 xián là	☐
咸 xián	☐		

2 看菜单 Look at the menu

两人活动 下面是一些凉菜、热菜、汤、主食和饮料的图片。请把它们的名字填在序号后，并把序号填在相应的菜单里。

Pair work: The following are some cold dishes, hot dishes, soup, staple food and beverage. First write down the names of the dishes after the letters. Then put the letters under different categories of dishes.

A. ____________

B. ____________

C. ____________

D. ____________

E. ____________

F. ____________

G. ____________

H. ____________

凉菜 liángcài cold dish	热菜 rècài hot dish	汤 tāng soup	主食 zhǔshí staple food	饮料 yǐnliào beverage
________	________ ________	________	________ ________	________ ________

请说说你知道的凉菜、热菜、汤、主食和饮料的名字。

Please tell the names of the cold dishes, hot dishes, soup, staple food and beverage you know.

生词大盘点 VOCABULARY LIST

1	菜单	càidān	名	menu
2	凉菜	liángcài	名	cold dish
3	热菜	rècài	名	hot dish
4	汤	tāng	名	soup
5	主食	zhǔshí	名	staple food
6	饮料	yǐnliào	名	beverage
7	米饭	mǐfàn	名	cooked rice
8	饺子	jiǎozi	名	Chinese dumplings
9	面条	miàntiáo	名	noodles
10	可乐	kělè	名	coke
11	茶	chá	名	tea
12	水	shuǐ	名	water
13	喝	hē	动	to drink
14	点	diǎn	动	to order (food)
15	来	lái	动	to order
16	再	zài	副	in addition
17	(一)点儿	(yì) diǎnr	（数）量	a little
18	还是	háishi	连	or
19	杯	bēi	量	*measure word for tea, wine*
20	碗	wǎn	量	*measure word for rice, etc.*
21	盘	pán	量	*measure word for dishes, etc.*
22	瓶	píng	量	*measure word for water, soy sauce, etc.*
23	只	zhī	量	*measure word for cats and dogs*
24	忌口	jì kǒu		to avoid certain food
25	别	bié	副	not
26	辣	là	形	spicy
27	西红柿炒鸡蛋	xīhóngshì chǎo jīdàn		scrambled eggs with tomatoes
28	北京烤鸭	Běijīng kǎoyā		Beijing roast duck
29	拌黄瓜	bànhuánggua	名	cucumber with soy sauce
30	酸辣汤	suānlàtāng	名	sour and spicy soup
31	宫保鸡丁	gōngbǎo jīdīng		diced chicken with peanuts
32	麻婆豆腐	mápó dòufu		Mapo Tofu

三 任务及活动 TASKS AND ACTIVITIES

(一) 任务示范 Task Demonstration

故事场景 大龙和他的中国家庭在中餐馆吃饭。

The scene of the story: Dalong is having dinner with his Chinese family in a Chinese restaurant.

服务员：这是菜单。你们要吃点儿什么？
Fúwùyuán: Zhè shì càidān. Nǐmen yào chī diǎnr shénme?

小丽妈妈：来一只北京烤鸭、一个西红柿炒鸡蛋。
Xiǎolì māma: Lái yì zhī Běijīng kǎoyā、yí ge xīhóngshì chǎo jīdàn.

小丽：要一个凉菜——拌黄瓜。
Xiǎolì: Yào yí ge liángcài——bànhuánggua.

大龙：再要一个酸辣汤。
Dàlóng: Zài yào yí ge suānlàtāng.

服务员：主食点什么？
Fúwùyuán: Zhǔshí diǎn shénme?

小丽妈妈：两碗米饭，一盘饺子。
Xiǎolì māma: Liǎng wǎn mǐfàn, yì pán jiǎozi.

服务员：喝点儿什么饮料？
Fúwùyuán: Hē diǎnr shénme yǐnliào?

大龙：我要一杯可乐，你们喝可乐还是茶？
Dàlóng: Wǒ yào yì bēi kělè, nǐmen hē kělè háishi chá?

小丽：来一杯茶，再要一瓶水。
Xiǎolì: Lái yì bēi chá, zài yào yì píng shuǐ.

服务员：有什么忌口的吗？
Fúwùyuán: Yǒu shénme jì kǒu de ma?

小丽妈妈：别太辣。
Xiǎolì māma: Bié tài là.

（二）分步任务活动 Implement Tasks Step by Step

1 他们在说什么 What are they talking about

两人活动 看图连线，然后两个人一起说一说。

Pair work: Please look at each picture and match it with what the person might be saying, and then talk about it with your partner.

① 我 想 喝 点儿 可乐。
Wǒ xiǎng hē diǎnr kělè.

② 我 想 买（to buy）
Wǒ xiǎng mǎi
点儿 苹果（apple）。
diǎnr píngguǒ.

③ 我 想 吃 点儿 米饭。
Wǒ xiǎng chī diǎnr mǐfàn.

2 您想吃点儿什么 What do you want to eat

两人活动 两人一组，分别扮演服务员和顾客，看下面的菜单进行点菜。

Pair work: Work in pairs and play the roles of a waitress/waiter and a customer. Order food referring to the following menu.

菜单 *Menu*
càidān

北京 烤鸭
Běijīng kǎoyā

西红柿 炒 鸡蛋
xīhóngshì chǎo jīdàn

拌黄瓜
bànhuánggua

米饭
mǐfàn

饺子
jiǎozi

例

A：您 想 吃点儿 什么？
Nín xiǎng chī diǎnr shénme?

B：来 一 个……，再 来 一 个……。
Lái yí ge……, zài lái yí ge…….

3 你选什么 Which one do you choose

小组活动：下面有三组食物，分别是主食、饮料和不同国家的风味饮食。请你调查一下，你的朋友会选择什么。

Group activity: There are three groups of food, i.e., staple food, beverage and local food in different countries. Please investigate what your friends will choose.

（1）

米饭
mǐfàn

面条
miàntiáo

（2）

水
shuǐ

茶
chá

可乐
kělè

（3）

中国 菜
Zhōngguó cài

麦当劳
Màidāngláo

日本 菜
Rìběn cài

例

A：你 喝 茶 还是 可乐？
Nǐ hē chá háishi kělè?

B：我 喝 茶。
Wǒ hē chá.

（三）综合任务活动 Comprehensive Tasks

1 点菜 Order dishes

表演活动 看下面的菜单，三个人一起练习点菜。一个人扮演服务员，两个人扮演角色 A 和 B。

Role playing: Look at the following menu and form groups of three to practice ordering food. One acts as a waitress/waiter, and the other two act as A and B.

菜单 *Menu*
càidān

北京 烤鸭
Běijīng kǎoyā

宫保 鸡丁
gōngbǎo jīdīng

麻婆豆腐
mápó dòufu

米饭
mǐfàn

饺子
jiǎozi

面条
miàntiáo

茶
chá

可乐
kělè

服务员： 这 是……，你们 想 吃 点儿 什么？
Fúwùyuán: Zhè shì ……， nǐmen xiǎng chī diǎnr shénme?

A： 来 一 个……，一 个……。
Lái yí ge……， yí ge …….

B: 再来一个……。
Zài lái yí ge …….

服务员: ……?
Fúwùyuán: ……?

B: 来一碗米饭。你要……还是……?
Lái yì wǎn mǐfàn. Nǐ yào…… háishi……?

A: 我要……。
Wǒ yào…….

服务员: 喝点儿什么?
Fúwùyuán: Hē diǎnr shénme?

A: ……

服务员: 有什么忌口的吗?
Fúwùyuán: Yǒu shénme jì kǒu de ma?

B: 别……。
Bié…….

2 调查同学们喜欢吃的和忌口的东西

Ask your classmates which food they like and which they avoid

班级活动 问问每个同学喜欢吃什么，有什么忌口的，写在下面的表格里。限时5分钟，看看谁调查的最多。

Class activity: Ask each of your classmates which food he/she likes and which he/she avoids. Then write it in the following table. The student who makes the most investigation in five minutes wins the game.

同学 名字 tongxué míngzi	喜欢 吃 什么 xǐhuan chī shénme	忌 口 jì kǒu
1.		
2.		
3.		
4.		

例

A：你 喜欢 吃 什么？
Nǐ xǐhuan chī shénme?

B：我 喜欢 吃 北京 烤鸭。
Wǒ xǐhuan chī Běijīng kǎoyā.

A：你 有 什么 忌 口 的 吗？
Nǐ yǒu shénme jì kǒu de ma?

B：别 太 辣。
Bié tài là.

3 我们一起点菜吧 Let's order food

小组活动 了解了同学们喜欢吃什么、不喜欢吃什么后，大家一起点菜。

Group activity: Having known which food each of you like or avoid, order food together.

菜单 *Menu*
càidān

宫保 鸡丁
gōngbǎo jīdīng
20.00元

北京 烤鸭
Běijīng kǎoyā
80.00元

西红柿 炒 鸡蛋
xīhóngshì chǎo jīdàn
13.00元

拌黄瓜
bànhuánggua
7.00元

酸 辣 汤
suānlàtāng
8.00元

米饭
mǐfàn
2.00元

面条
miàntiáo
12.00元

汉堡
hànbǎo
16.00元

薯条
shǔtiáo
5.00元

比萨
bǐsà
98.00元

寿司
shòusī
36.00元

拌饭
bànfàn
15.00元

可乐
kělè
6.00元

茶
chá
15.00元

班级活动 每个组做一张自己的点菜单，派一名代表向全班汇报。

Class activity: Each group makes a list of food to order and asks a representative to make a presentation on it to the class.

点菜单
diǎncàidān

热菜 rècài	凉菜 liángcài	汤 tāng	主食 zhǔshí	饮料 yǐnliào

四 语法点注释 GRAMMAR NOTES

1 "(一)点儿"的用法 The usage of (一)点儿

动词+(一)点儿+名词，表示少量。例如：

Verd + (一)点儿[(yì) diǎnr] + Noun is used to indicate a small quantity, e.g.,

①你 想 喝 点儿 什么？
Nǐ xiǎng hē diǎnr shénme?

②我 想 喝 点儿 可乐。
Wǒ xiǎng hē diǎnr kělè.

2 "A还是B" The expression A还是B (A or B)

用连词"还是"连接两种可能的答案构成的疑问句叫选择疑问句。例如：

The conjunction 还是(háishi) is used to link two possible answers to form a question, which is known as the alternative question, e.g.,

①你 想 喝 可乐 还是 茶？
Nǐ xiǎng hē kělè háishi chá?

②你 想 去 北京 还是 上海？
Nǐ xiǎng qù Běijīng háishi Shànghǎi?

五 学习后任务 REVIEW TASK

调查活动 调查下面的问题，然后完成表格。

Investigation: Investigate the following questions and then fill in the form.

（1）学校附近有几家饭馆？

How many restaurants are there near your school?

（2）每家饭馆最有名的菜是什么？

What is the most famous food of each restaurant?

（3）哪家饭馆的西红柿炒鸡蛋最便宜？

In which restaurant is the dish "scrambled eggs with tomatoes" the cheapest?

饭馆的名字 Name of the restaurant			
最有名的菜 The most famous dishes			
有没有西红柿炒鸡蛋 If they have the dish "scrambled eggs with tomatoes"			
多少钱 How much			

（4）问2~3个中国人，他们去饭馆吃饭的时候，常点什么菜、主食、饮料，有什么忌口的。

Ask two or three Chinese which dish/staple food/beverage they often order in a restaurant and which food they avoid.

饭馆的名字 Restaurant name	常点的菜 Dishes they often order	常点的主食 Staple food they often order	常点的饮料 Beverage they often order
1.			
2.			
3.			

六 自我评估 SELF-EVALUATION

1 你认识这些生词吗 Do you know these new words

请在你认识的生词前面打✓，然后数一下你认识的生词数。

Please tick ✓ before the words you know, and then count them.

☐ 菜单	☐ 凉菜	☐ 热菜	☐ 汤	☐ 主食	☐ 饮料
☐ 一点儿	☐ 忌口	☐ 只	☐ 别	☐ 盘	☐ 饺子
☐ 喝	☐ 茶	☐ 辣	☐ 米饭	☐ 面条	☐ 可乐
☐ 水	☐ 吃	☐ 点	☐ 来	☐ 再	☐ 还是
☐ 杯	☐ 碗	☐ 瓶			

认识 19～27 个：太棒了！

Knowing 19-27 words: Wonderful!

认识 10～18 个：不错，要更加努力。

Knowing 10-18 words: Good. Please make more efforts.

认识 10 个以下：得复习复习。加油啊！

Knowing fewer than 10 words: Please review the lesson. Come on!

2 选一选，测一测 Choose and test

在正确的句子或合适的答句前打 ✓，看看你语法学得怎么样。

Tick ✓ before the correct sentences or answers to check how well you have learned the grammar.

① 你 想 喝 什么？
Nǐ xiǎng hē shénme?

A. 我 想 一点儿 喝 啤酒。[→③]
Wǒ xiǎng yìdiǎnr hē píjiǔ.

B. 我 想 喝 一点儿 啤酒。[→②]
Wǒ xiǎng hē yìdiǎnr píjiǔ.

② A. 你 想 吃 米饭 还是 面条？[→A]
Nǐ xiǎng chī mǐfàn háishi miàntiáo?

B. 你 想 吃 米饭 和 面条？[→B]
Nǐ xiǎng chī mǐfàn hé miàntiáo?

③ 你 想 买 点儿 什么？
Nǐ xiǎng mǎi diǎnr shénme?

A. 我 想 买 点儿 苹果。[→②]
Wǒ xiǎng mǎi diǎnr píngguǒ.

B. 我 想 买 苹果 一点儿。[→C]
Wǒ xiǎng mǎi píngguǒ yìdiǎnr.

A. 太棒了，你的语法学得非常好！
Wonderful! You have learned the grammar very well.

B. 你的语法学得不错，但要注意“A还是B”这个语法，详见语法点注释 2。
You have learned the grammar well. However, you need to pay attention to the grammar point "A 还是 (háishi) B". Please refer to Grammar Note 2 for more details.

C. 注意“一点儿”的语序是“V+一点儿+N”，详见语法点注释 1。
Note the right word order is "V + 一点儿 (yìdiǎnr) + N". Please refer to Grammar Note 1 for more details.

十 文化小贴士 CULTURAL NOTES

（一）你知道吗 Do You Know

（1）中国饭馆的上菜顺序
The Order of Serving Food in a Chinese Restaurant

中国饭馆上菜的顺序一般是：凉菜、热菜、汤、主食。如果你想一边吃菜一边吃米饭，你得跟服务员说“先上米饭”。

Generally, the order is cold dishes, hot dishes, soup, and then staple food. If you want to have rice while having other dishes, you need to tell the waiter to serve the rice first.

(2) 八大菜系 Eight Styles of Chinese Cuisine

中国菜各地有各地的特色，有的甜、有的咸、有的辣、有的酸。主要分成八大菜系：粤菜、鲁菜、川菜、苏菜、闽菜、浙菜、湘菜、徽菜。

Chinese cuisine is rich in local characteristics. Some is sweet, some is salty, some is spicy, and some is sour. It is mainly divided into eight styles, Yue, Lu, Chuan, Su, Min, Zhe, Xiang and Hui.

(3) 中国的饺子 Chinese Dumplings

饺子是中国人的重要主食之一。特别是过新年的时候，北方人一定要吃饺子。饺子象征着“吉祥如意、辞旧迎新”。

Dumplings are one of the most important staple food for Chinese. Especially during the Chinese New Year, it is an unyielding tradition for northern Chinese to eat dumplings. Dumplings symbolize auspiciousness, bidding farewell to the old and ushering in the new.

（二）图片看中国 China in Pictures

郭林家常菜菜单

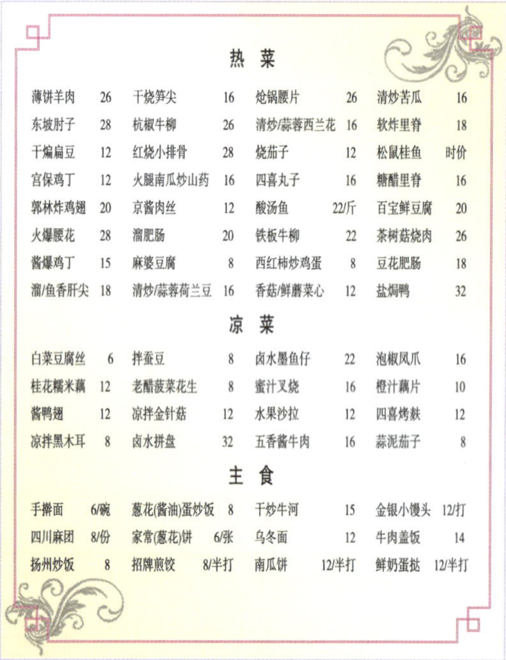

热菜

薄饼羊肉	26	干烧笋尖	16	炝锅腰片	26	清炒苦瓜	16
东坡肘子	28	杭椒牛柳	26	清炒/蒜蓉西兰花	16	软炸里脊	18
干煸扁豆	12	红烧小排骨	28	烧茄子	12	松鼠桂鱼	时价
宫保鸡丁	12	火腿南瓜炒山药	16	四喜丸子	16	糖醋里脊	16
郭林炸鸡翅	20	京酱肉丝	12	酸汤鱼	22/斤	百宝鲜豆腐	20
火爆腰花	28	溜肥肠	20	铁板牛柳	22	茶树菇烧肉	26
酱爆鸡丁	15	麻婆豆腐	8	西红柿炒鸡蛋	8	豆花肥肠	18
溜/鱼香肝尖	18	清炒/蒜蓉荷兰豆	16	香菇/鲜蘑菜心	12	盐焗鸭	32

凉菜

白菜豆腐丝	6	拌蚕豆	8	卤水墨鱼仔	22	泡椒凤爪	16
桂花糯米藕	12	老醋菠菜花生	8	蜜汁叉烧	16	橙汁藕片	10
酱鸭翅	12	凉拌金针菇	12	水果沙拉	12	四喜烤麸	12
凉拌黑木耳	8	卤水拼盘	32	五香酱牛肉	16	蒜泥茄子	8

主食

手擀面	6/碗	葱花(酱油)蛋炒饭	8	干炒牛河	15	金银小馒头	12/打
四川麻团	8/份	家常(葱花)饼	6/张	乌冬面	12	牛肉盖饭	14
扬州炒饭	8	招牌煎饺	8/半打	南瓜饼	12/半打	鲜奶蛋挞	12/半打

菜单
càidān
menu

家常菜
jiāchángcài
home-style cooking

筷子
kuàizi
chopsticks

第九单元
Unit 9

购物
Shopping

话题 **Topic**	购物 Shopping
任务目标 **Instructional Objectives**	学会问答商品的价格、讨价还价，能简单地评价商品 Students can ask and answer questions about price and can bargain. They can evaluate goods in simple language.
重点词语 **Key Words**	贵 guì、便宜 piányi、讲价 jiǎng jià、能 néng、刷卡 shuā kǎ、 元（块）yuán（kuài）、角（毛）jiǎo（máo）、分 fēn
重点语句 **Key Sentences**	1. 这件旗袍多少钱？ Zhè jiàn qípáo duōshao qián? 2. 太贵了，便宜点儿吧。 Tài guì le，piányi diǎnr ba. 3. 这件旗袍有点儿小。 Zhè jiàn qípáo yǒudiǎnr xiǎo. 4. 这儿能刷卡吗？Zhèr néng shuā kǎ ma? 5. 这件旗袍 280 块钱。Zhè jiàn qípáo èrbǎi bāshí kuài qián.
语法点 **Grammar Points**	1. 钱数的表达　Expression of money 2. “一点儿”和“有点儿”的用法　The usage of 一点儿 and 有点儿 3. 能愿动词“能”　The modal verb 能

导入 WARM-UP

1. 你喜欢逛商店吗？
   Do you like shopping?
2. 你知道怎么讨价还价吗？
   Do you know how to bargain?

一 头脑风暴 BRAINSTORM

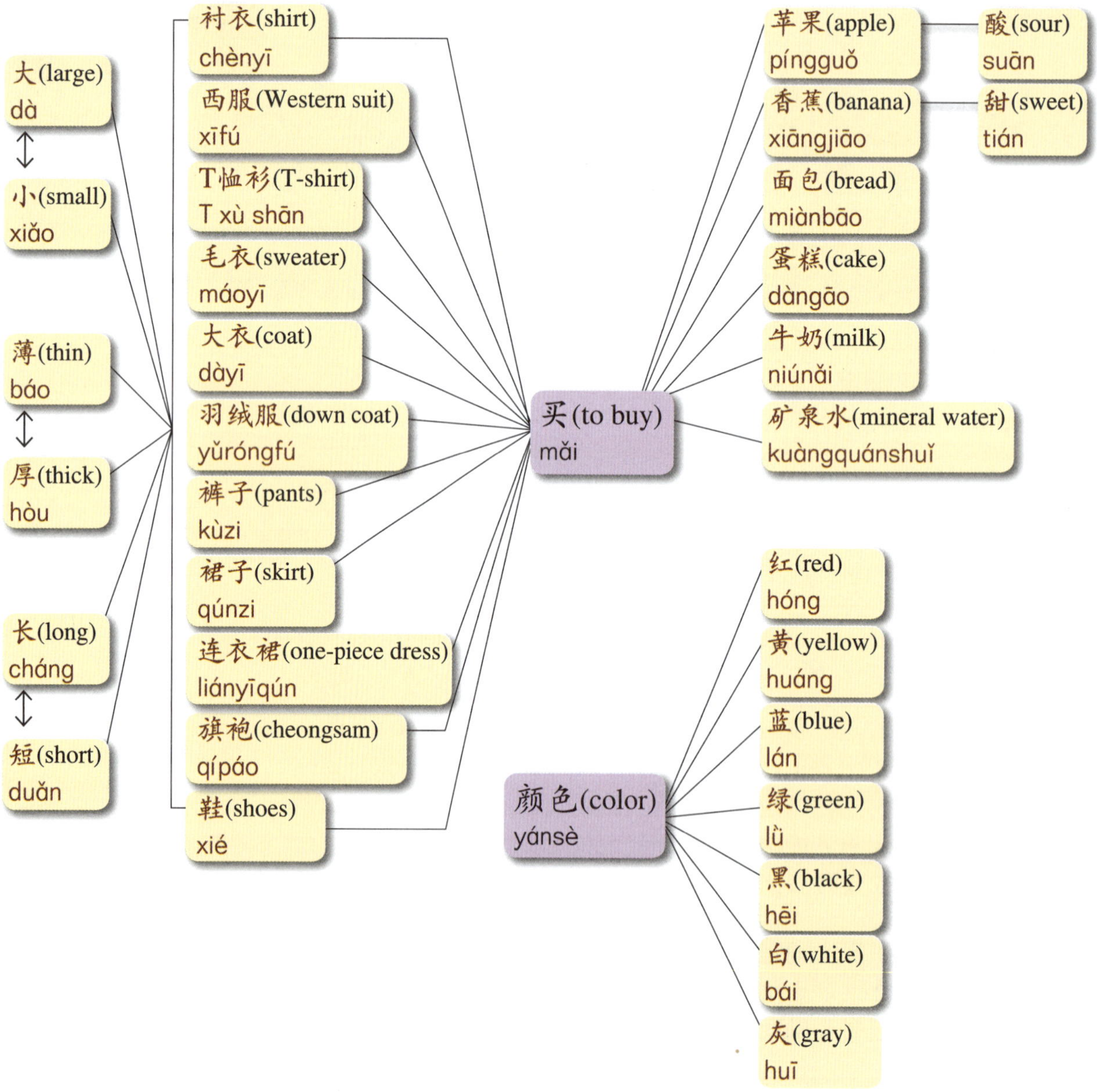

一 生词总动员 WORD POWER

1 你想买什么 What do you want to buy

两人活动 和朋友说说下列物品中你需要买什么，请在你想买的东西后面打√。如果你还想买别的东西，查词典或问老师后写在下面的表格中。

Pair work: Talk with you friends which of the following you need to buy. Please mark √ behind the things that you want. If you need anything else, please consult the dictionary or your teacher and write them down in the following table.

苹果
píngguǒ

面包
miànbāo

鞋
xié

裤子
kùzi

衣服
yīfu

裙子
qúnzi

旗袍
qípáo

我 想 买：
Wǒ xiǎng mǎi:

苹果 píngguǒ	☐	裙子 qúnzi	☐
面包 miànbāo	☐	旗袍 qípáo	☐
衣服 yīfu	☐	裤子 kùzi	☐
鞋 xié	☐		
其他东西 (other things): qítā dōngxi			

2 名量大联盟 Measure words and nouns

两人活动 买东西时常常会用到量词。两人一组，看下图，讨论不同的东西分别应该对应什么量词，然后连线。

Pair work: Measure words are often used when you shop. Work in pairs. Look at the following picture and discuss what measure words can be used for the following items. Then match the item with the corresponding measure word.

	衣服 yīfu
	裙子 qúnzi
件 jiàn	裤子 kùzi
条 tiáo	旗袍 qípáo
双 shuāng	面包 miànbāo
个 gè	鞋 xié
	苹果 píngguǒ

你还知道哪些量词？它们分别可以和哪些名词搭配？写入下表中。

Do you know other measure words? Which nouns can they be used for? Write them in the following table.

量词 liàngcí	名词 míngcí
件 jiàn	旗袍、衣服…… qípáo、yīfu

生词大盘点 VOCABULARY LIST

1	旗袍	qípáo	名	cheongsam
2	裙子	qúnzi	名	skirt
3	裤子	kùzi	名	pants
4	试衣间	shìyījiān	名	fitting room
5	鞋	xié	名	shoes
6	苹果	píngguǒ	名	apple
7	面包	miànbāo	名	bread
8	质量	zhìliàng	名	quality
9	样子	yàngzi	名	appearance
10	钱	qián	名	money
11	块／元	kuài / yuán	量	*monetary unit of China*
12	毛／角	máo / jiǎo	量	*monetary unit of China, equivalent to 1/10 of a yuan*
13	分	fēn	量	*monetary unit of China, equivalent to 1/10 of a jiao*
14	件	jiàn	量	*measure word for clothing, matters, etc.*
15	双	shuāng	量	*measure word for shoes, etc.*
16	条	tiáo	量	*measure word for long, narrow or thin things*
17	贵	guì	形	expensive
18	便宜	piányi	形	cheap
19	合适	héshì	形	suitable, appropriate, fit
20	低	dī	形	low
21	有点儿	yǒudiǎnr	副	slightly
22	能	néng	能动	can
23	买	mǎi	动	to buy
24	试	shì	动	to try
25	刷卡	shuā kǎ		to swipe a card
26	抽烟	chōu yān		to smoke
27	一下	yíxià	数量	*used after a verb to indicate an action lasting for a short time*

三 任务及活动 TASKS AND ACTIVITIES

(一) 任务示范 Task Demonstration

故事场景 艾娜在买旗袍。

The scene of the story: Edna is buying a cheongsam.

艾娜：这 件 旗袍 多少 钱？
Àinà: Zhè jiàn qípáo duōshao qián?

老板（Shopkeeper）：280 块。
Lǎobǎn: Èrbǎi bāshí kuài.

艾娜：能 试 一下 吗？
Àinà: Néng shì yíxià ma?

老板：能。
Lǎobǎn: Néng.

艾娜：这 件 旗袍 有点儿 小。
Àinà: Zhè jiàn qípáo yǒudiǎnr xiǎo.

老板：你 试 一下 这 件。
Lǎobǎn: Nǐ shì yíxià zhè jiàn.

艾娜：这 件 挺 合适。
Àinà: Zhè jiàn tǐng héshì.

老板：这 件 旗袍 质量 又 好，样子 又 好看。
Lǎobǎn: Zhè jiàn qípáo zhìliàng yòu hǎo, yàngzi yòu hǎokàn.

艾娜：太 贵 了，便宜 点儿 吧。
Àinà: Tài guì le, piányi diǎnr ba.

老板：最 低 260 块。
Lǎobǎn: Zuì dī èrbǎi liùshí kuài.

艾娜：这儿 能 刷 卡 吗？
Àinà: Zhèr néng shuā kǎ ma?

老板：能。
Lǎobǎn: Néng.

（二）分步任务活动 Implement Tasks Step by Step

1 看图说钱数 Look at the pictures and tell the amount of money

两人活动 看图片说出钱数，并写下来。

Pair work: Look at the pictures, tell the amount of the money and write it down.

（1） ________块 kuài

（2） ________块 kuài

（3） ________块 kuài

（4） ________块 kuài ________（毛）máo

（5） ________块 kuài ________毛 máo ________（分）fēn

2 问问谁的商品最便宜 Find out whose goods are the cheapest

小组活动 假设你是店老板，给自己的商品定价，写在表格中。然后问问其他同学的价格，也写在表格中，看看谁的最便宜。

Group activity: Suppose you are a shopkeeper. You are going to set prices for your goods and write them in the table. Then ask other students the prices they set for their goods. Write the prices in the table and find the lowest one.

物品 Goods		我的价格 The prices I set	同学的价格 The prices my classmates set
裙子 qúnzi			

物品 Goods		我的价格 The prices I set	同学的价格 The prices my classmates set
裤子 kùzi			
衣服 yīfu			
鞋 xié			

例

A：这 条 裙子 多少 钱？
Zhè tiáo qúnzi duōshao qián?

B：260　　（块）。
Èrbǎi liùshí (kuài).

3 猜价格 Guess the prices

小组活动 把全班同学分成 A、B 两组，看图片确定本组商品的价格。猜对方组商品的价格。两组分别根据自己对本组商品的定价，通过对话提示对方调整所猜的价格。看哪一组猜得快。

Group activity: Divide the students into Group A and Group B. Look at the pictures and set the prices of the goods for your group. Guess the prices of goods set by the other group. Ask and answer questions to help the other group adjust their guesses in accordance with the prices set by your group. The group that guesses right within the shortest time wins.

衣服
yīfu
价格（price）：________

包
bāo
价格（price）：________

A 组商品

鞋
xié
价格 (price)：________

旗袍
qípáo
价格 (price)：________

B 组商品

例
A：这 件 衣服 760 块，对 吗？
Zhè jiàn yīfu qībǎi liùshí kuài, duì ma?
B：太 贵 了，便宜 点儿。
Tài guì le, piányi diǎnr.

4 听听这是哪幅图 Listen and choose the picture

听录音，按听到的顺序在相应的图片下面写上序号。
Listen to the recording and write the serial number below the corresponding picture in proper order according to what you hear.

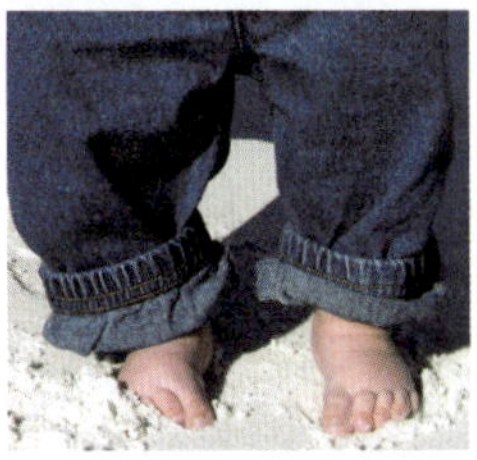
(　　)

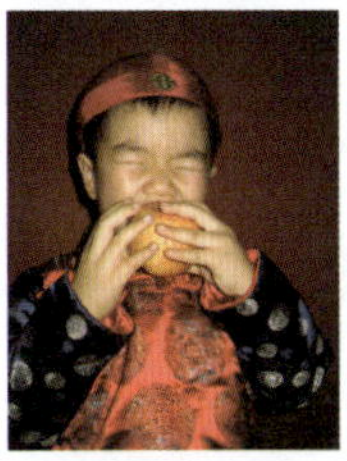
(　　)

(　　)

(　　)

5 根据图片进行对话 Make a conversation based on the pictures

两人活动 请根据下列标志进行对话。
Pair work: Please make a conversation based on the following pictures.

例
A：这儿 能 刷 卡 吗？
Zhèr néng shuā kǎ ma?
B：这儿 能 刷 卡。
Zhèr néng shuā kǎ.

（三）综合任务活动 Comprehensive Tasks

1 买鞋 Buying shoes

表演活动 完成对话并进行表演。

Role playing: Complete the conversation and act it out.

例

A：这 双 鞋……？
Zhè shuāng xié……?

B：485 块。
Sìbǎi bāshíwǔ kuài.

A：我 能 试试 吗？
Wǒ néng shìshi ma?

B：……

A：这 双……。
Zhè shuāng …….

B：您 再 试试 这 双。
Nín zài shìshi zhè shuāng.

A：这 双 很合适。……？
Zhè shuāng hěn héshì. ……?

B：450 吧。这 双 鞋 质量 又 好，样子 又 好看。
Sìbǎi wǔshí ba. Zhè shuāng xié zhìliàng yòu hǎo，yàngzi yòu hǎokàn.

A：……？

B：能 刷 卡。
Néng shuā kǎ.

2 买苹果 Buying apples

表演活动 完成对话并进行表演。

Role playing: Complete the conversation and act it out.

例

A：苹果 多少 钱 一 斤（*unit of weight*）？
Píngguǒ duōshao qián yì jīn?

B：5 块 4 一 斤。
Wǔ kuài sì yì jīn.

A：……

B：5 块 2 吧。这 苹果 又 红 又 大。
Wǔ kuài èr ba. Zhè píngguǒ yòu hóng yòu dà.

A：我 买 5 斤，……？
Wǒ mǎi wǔ jīn，……?

B：那 5 块 一 斤吧。
Nà wǔ kuài yì jīn ba.

3 你问我答 Questions and answers

班级活动：先请同学们抽签，然后抽到问题的同学提问，抽到相应答句的同学回答，最后将这几句话组成一个对话，进行表演。

Class activity: Ask students to draw lots. Then students who draw questions ask questions and their counterparts answer them. Finally, make a dialogue using the following sentences and act it out.

① 这 条 裤子 多少 钱？
Zhè tiáo kùzi duōshao qián?

② 这 条 裤子 质量 非常 好， 260 不 算 贵。
Zhè tiáo kùzi zhìliàng fēicháng hǎo, èrbǎi liùshí bú suàn guì.

③ 260。
Èrbǎi liùshí.

④ 我 能 试 一下 吗？
Wǒ néng shì yíxià ma?

⑤ 太 贵 了，便宜 点儿 好 吗？
Tài guì le, piányi diǎnr hǎo ma?

⑥ 可以。试衣间 在 那边。
Kěyǐ. Shìyījiān zài nàbiān.

⑦ 你 试试 这 条 吧。
Nǐ shìshi zhè tiáo ba.

⑧ 这 条 怎么样？
Zhè tiáo zěnmeyàng?

⑨ 这 条 裤子 有点儿 短，有 长 一点儿 的 吗？
Zhè tiáo kùzi yǒudiǎnr duǎn, yǒu cháng yìdiǎnr de ma?

⑩ 能 刷 卡。
Néng shuā kǎ.

⑪ 这 条 很 好。
Zhè tiáo hěn hǎo.

⑫ 这儿 能 刷 卡 吗？
Zhèr néng shuā kǎ ma?

4 我卖你买 I sell and you buy

表演活动 看“货品清单”或“购物清单”，一人扮演老板，一人扮演顾客，表演买东西。

Role playing: Read the “List of goods” or “Shopping list”. Play the roles of a shopkeeper and a customer who is shopping.

货品清单 List of goods

货品 Goods	标价 Marked price	售出价 Deal price
衣服 yīfu	1870元/件 jiàn	
裤子 kùzi	320元/条 tiáo	
旗袍 qípáo	895元/件 jiàn	
鞋 xié	654元/双 shuāng	

购物清单 Shopping list

货品 Goods	希望价格 Ideal price	购买价 Deal price
衣服 yīfu	1500～1700元/件 jiàn	
裤子 kùzi	260～280元/条 tiáo	
旗袍 qípáo	750～800元/件 jiàn	
鞋 xié	500～550元/双 shuāng	

例

① 这件衣服多少钱？
Zhè jiàn yīfu duōshao qián?

② 我能试一下吗？
Wǒ néng shì yíxià ma?

③ 这件有点儿大/小。
Zhè jiàn yǒudiǎnr dà / xiǎo.

④ 太贵了，便宜一点儿吧。
Tài guì le, piányi yìdiǎnr ba.

四 语法点注释 GRAMMAR NOTES

1 钱数的表达 Expression of money

人民币的基本单位是“元、角、分”，口语里常用“块、毛、分”。表达钱数时，最后的货币单位可以省略。例如：

The basic units of Renminbi are *yuan*, *jiao* and *fen*, which are often known as *kuai*, *mao* and *fen* respectively in spoken Chinese. When expressing the sum of money, the last monetary unit can be omitted, e.g.,

① 五十 元/块
wǔshí yuán/kuài

② 一百 四十 元/块
yìbǎi sìshí yuán/kuài

③ 一 块 五
yí kuài wǔ

2 “一点儿”和“有点儿”的用法 The usage of 一点儿 and 有点儿

“一点儿”用在形容词后，表示程度轻微。此时“一”可以省略。例如：

一点儿(yìdiǎnr) is used after an adjective to indicate slight in degree. In this case, “一” can be omitted, e.g.,

①太 贵了，便宜 点儿吧！
Tài guì le, piányi diǎnr ba!

②明天 我 要 早 点儿 起 床。
Míngtiān wǒ yào zǎo diǎnr qǐ chuáng.

③快 一点儿。
Kuài yìdiǎnr.

“有（一）点儿”常用在动词或形容词前做状语，也表示程度轻微，但用在形容词前时，多表示评价和不如意的意思。例如：

有（一）点儿 [yǒu(yì) diǎnr] is often used as an adverbial before a verb or an adjective. It also indicates slight in degree, but often indicating evaluation or dissatisfaction when used before an adjective, e.g.,

④这 件 衣服 有点儿 小。
Zhè jiàn yīfu yǒudiǎnr xiǎo.

⑤今天 有点儿 冷。
Jīntiān yǒudiǎnr lěng.

⑥这个 苹果 有点儿 酸。
Zhège píngguǒ yǒudiǎnr suān.

3 能愿动词“能” The modal verb 能

能愿动词“能”表示情理、环境、条件上的许可。例如：

The modal verb 能 (néng) indicates being possible or permitted in view of the logic, circumstance or condition, e.g.,

①这儿能 刷 卡。
Zhèr néng shuā kǎ.

②这儿 不 能 抽 烟。
Zhèr bù néng chōu yān.

③我 能 试 一下 吗？
Wǒ néng shì yíxià ma?

五 学习后任务 REVIEW TASKS

调查活动 （1）你最近想买什么？问一下它的价钱。

Investigation: What do you want to buy recently? And how much is it?

要买的东西 Things you want to buy	价格 Price
1.	
2.	
3.	
4.	

（2）问2～3个朋友，他们喜欢去哪儿买东西，在那儿能不能讨价还价。

Ask two or three of your friends. Which are their favorite shops? Can they bargain there?

姓名 Name	喜欢去的商店 Favorite shop	能不能讨价还价 If the price is negotiable
1.		
2.		
3.		

六 自我评估 SELF-EVALUATION

1 你认识这些生词吗 Do you know these new words

请在你认识的生词前面打✓，然后数一下你认识的生词数。

Please tick ✓ before the words you know, and then count them.

□ 买	□ 便宜	□ 旗袍	□ 刷卡	□ 能
□ 衣服	□ 条	□ 件	□ 裤子	□ 质量
□ 块	□ 有点儿	□ 样子	□ 鞋	□ 双
□ 苹果	□ 面包	□ 想	□ 钱	□ 试
□ 裙子				

认识 15 ~ 21 个：太棒了！
Knowing 15-21 words: Wonderful!

认识 8 ~ 14 个：不错，要更加努力。
Knowing 8-14 words: Good. Please make more efforts.

认识 8 个以下：得复习复习。加油啊！
Knowing fewer than 8 words: Please review the lesson. Come on!

2 选一选，测一测 Choose and test

在正确的句子或合适的答句前打✓，看看你语法学得怎么样。

Tick ✓ before the correct sentences or answers to check how well you have learned the grammar.

① 这 条 裙子 多少 钱？
Zhè tiáo qúnzi duōshao qián?

A. 二百 八十五 一 条。 [→②]
Èrbǎi bāshíwǔ yì tiáo.

B. 二百 八五 一 条。 [→③]
Èrbǎi bāwǔ yì tiáo.

② 这 条 裙子 280 一 条。
Zhè tiáo qúnzi èrbǎi bāshí yì tiáo.

A. 太 贵 了，便宜 一点儿 吧！ [→⑤]
Tài guì le, piányi yìdiǎnr ba!

B. 太 贵 了，有点儿 便宜 吧！ [→④]
Tài guì le, yǒudiǎnr piányi ba!

③ A. 一 块 五。 [→②]
Yí kuài wǔ.

B. 十五 毛。 [→D]
Shíwǔ máo.

C. 一 点 五 块。 [→D]
Yì diǎn wǔ kuài.

④ A. 今天 有点儿 冷。 [→⑤]
Jīntiān yǒudiǎnr lěng.

B. 今天 一点儿 冷。 [→C]
Jīntiān yìdiǎnr lěng.

⑤ A. 我 试 一下 能 吗？ [→B]
Wǒ shì yíxià néng ma?

B. 我 能 试 一下 吗？ [→A]
Wǒ néng shì yíxià ma?

A. 太棒了，你的语法学得非常好！
Wonderful! You have learned the grammar very well!

B. 你的语法学得不错，但要注意，能愿动词"能"一般放在动词的前面。详见语法点注释3。现在你明白了吗？再做一遍第⑤题吧。
You have learned the grammar well. However, you need to note that the modal verb 能 (néng) is generally used before a verb. Refer to Grammar Note 3 for more details. Do question ⑤ again.

C. 注意"一点儿"的用法。详见语法点注释 2 。现在你明白了吗？再做一遍第②题吧。
Note the usage of 一点儿 (yìdiǎnr) and refer to Grammar Note 2 for more details. Do question ② again.

D. 注意人民币的读法。详见语法点注释 1。现在你明白了吗？再做一遍第①题吧。
Note how to tell the amount of Renminbi. Refer to Grammar Note 1 for more details. Do question ① again.

十 文化小贴士 CULTURAL NOTES

（一）你知道吗 Do You Know

旗袍是中国传统的女性服饰之一，源于满族女性传统服装。结婚时，新娘常常穿红色的旗袍。

Cheongsam is one of the traditional dresses for Chinese women, which was originally worn by Manchu women. A bride often wears a red cheongsam in the wedding.

（二）图片看中国 China in Pictures

商店打折广告
shāngdiàn dǎ zhé guǎnggào
Sales posters of a store

农贸市场
nóngmào shìchǎng
A farmers' market

第十单元
Unit 10

谈爱好和运动
Talking about Hobbies and Sports

话题 **Topic**	谈爱好和运动 Talking about hobbies and sports
任务目标 **Instructional Objectives**	学会问答爱好和喜欢的运动 Students can ask and answer questions about hobbies and sports they like.
重点词语 **Key Words**	爱好 àihào、喜欢 xǐhuan、运动 yùndòng、健身 jiànshēn、 爬山 pá shān、打 dǎ、篮球 lánqiú、唱歌 chàng gē、跳舞 tiào wǔ、 上网 shàng wǎng、电影 diànyǐng、得 de
重点语句 **Key Sentences**	1. 你有什么爱好？ Nǐ yǒu shénme àihào? 2. 他打篮球打得很好。 Tā dǎ lánqiú dǎ de hěn hǎo. 3. 他一定在上网呢。 Tā yídìng zài shàng wǎng ne. 4. 晚饭以后我们去电影院看电影。 Wǎnfàn yǐhòu wǒmen qù diànyǐngyuàn kàn diànyǐng.
语法点 **Grammar Points**	1. 动作的进行　Action in progress 2. 程度补语　Complement of degree 3. 连动句：主语+动词1+宾语1+动词2+宾语2 The sentence with verbal constructions in series: $S+V_1+O_1+V_2+O_2$

导入 WARM-UP

你有什么爱好？

What are your hobbies?

一 头脑风暴 BRAINSTORM

- 爱好 àihào hobby
  - 上网 shàng wǎng to surf the Internet
  - 唱歌 chàng gē to sing
  - 跳舞 tiào wǔ to dance
  - 摄影 shèyǐng to take a photograph
  - 画画儿 huà huàr to draw
  - 看 kàn to see, to read
    - 电影 diànyǐng film
      - 电影院 diànyǐngyuàn cinema
    - 书 shū book
  - 弹 tán to play
    - 钢琴 gāngqín piano
    - 吉他 jíta guitar
- 运动 yùndòng sport
  - 跑步 pǎo bù to run, to jog
    - 操场 cāochǎng sports ground
  - 游泳 yóuyǒng to swim
    - 游泳馆 yóuyǒngguǎn natatorium
  - 健身 jiànshēn to keep fit
    - 健身房 jiànshēnfáng gym
  - 踢 tī to play
    - 足球 zúqiú football
      - 足球场 zúqiúchǎng football court
  - 打 dǎ to play
    - 羽毛球 yǔmáoqiú badminton
    - 乒乓球 pīngpāngqiú table tennis
    - 篮球 lánqiú basketball
      - 篮球场 lánqiúchǎng basketball court
    - 网球 wǎngqiú tennis
    - 棒球 bàngqiú baseball
    - 太极拳 tàijíquán tai chi chuan
  - 爬 pá to climb
    - 山 shān mountain
  - 滑 huá to slide
    - 冰 bīng ice
    - 雪 xuě snow

一 生词总动员 WORD POWER

1 说说你的爱好 Talk about your hobbies

（1）请选出你的爱好并介绍给大家。

Select your hobbies and present them to others.

□ 画 画儿 huà huàr

□ 弹 钢琴 tán gāngqín

□ 健身 jiànshēn

□ 摄影 shèyǐng

□ 看 书 kàn shū

□ 唱 歌 chàng gē

□ 跳 舞 tiào wǔ

□ 看 电影 kàn diànyǐng

□ 听 音乐 tīng yīnyuè

□ 上 网 shàng wǎng

例

我 喜欢 看 电影。
Wǒ xǐhuan kàn diànyǐng.

（2）你常做这些活动吗？请在相应的地方打✓。

Do you often do these activities? Please tick ✓ in the corresponding box.

	经常 often	有时候 sometimes	从来不 never
1. 画画儿 huà huàr	□	□	□
2. 弹钢琴 tán gāngqín	□	□	□
3. 唱歌 chàng gē	□	□	□
4. 跳舞 tiào wǔ	□	□	□
5. 健身 jiànshēn	□	□	□

例

我 经常 / 有时候 / 从来 不……。
Wǒ jīngcháng / yǒushíhou / cónglái bù…….

2 说说你喜欢的运动 Talk about the sports you like

（1）请选出你喜欢的运动，并将这些运动按照你的喜爱程度排序。

Select the sports you like and arrange the order of them according to how much you like them.

踢足球
tī zúqiú

打 乒乓球
dǎ pīngpāngqiú

打 篮球
dǎ lánqiú

打 网球
dǎ wǎngqiú

爬 山
pá shān

打 太极拳
dǎ tàijíquán

跑 步
pǎo bù

游泳
yóuyǒng

我 还 喜欢：________________________________

Wǒ hái xǐhuan: ________________________________

______ > ______ > ______ > ______ > ______

例

我 喜欢……、……，我 最 喜欢……。

Wǒ xǐhuan ……、……， wǒ zuì xǐhuan…….

（2）你是喜欢观看还是参与这些运动？请在相应的地方打✓。

Do you like watching or playing in these sports? Complete the chart by ticking ✓ in the corresponding box.

	观看 Watch	参与 Play
1. 足球 zúqiú	□	□
2. 乒乓球 pīngpāngqiú	□	□
3. 篮球 lánqiú	□	□
4. 网球 wǎngqiú	□	□

3 介绍人们喜爱的活动和明星 Introduce the popular activities and stars

勾出在你们国家比较受欢迎的活动。除了这些以外，还有别的吗？

Tick ✓ before the popular activities in your country. Besides these, can you think of some other sports?

	活动 Activities	明星 / 运动员 Stars / Athletes
□	篮球 lánqiú	
□	足球 zúqiú	
□	网球 wǎngqiú	
□	游泳 yóuyǒng	
□	唱歌 chàng gē	
□	看电影 kàn diànyǐng	
□	其他 qítā (other)	

例

我们 很 喜欢……， 最 有名 的 明星 / 运动员 是……。

Wǒmen hěn xǐhuan……, zuì yǒumíng de míngxīng / yùndòngyuán shì…….

生词大盘点 VOCABULARY LIST

1	弹	tán	动	to play
2	钢琴	gāngqín	名	piano
3	健身	jiànshēn	动	to keep fit
4	健身房	jiànshēnfáng	名	gym
5	唱歌	chàng gē		to sing
6	跳舞	tiào wǔ		to dance
7	看	kàn	动	to look, to watch, to read
8	书	shū	名	book
9	电影	diànyǐng	名	film, movie
10	电影院	diànyǐngyuàn	名	cinema
11	听	tīng	动	to listen
12	音乐	yīnyuè	名	music
13	爬	pá	动	to climb
14	山	shān	名	mountain
15	上网	shàng wǎng		to surf the Internet
16	网虫	wǎngchóng	名	net addict
17	踢	tī	动	to kick, to play (football or soccer)
18	足球	zúqiú	名	football, soccer
19	足球场	zúqiúchǎng	名	football court
20	打	dǎ	动	to play (any kind of ball games)
21	乒乓球	pīngpāngqiú	名	table tennis
22	篮球	lánqiú	名	basketball
23	篮球场	lánqiúchǎng	名	basketball court
24	网球	wǎngqiú	名	tennis
25	游泳	yóuyǒng	动/名	to swim; swim
26	游泳馆	yóuyǒngguǎn	名	natatorium
27	跑步	pǎo bù		to run, to jog
28	操场	cāochǎng	名	sports ground
29	运动	yùndòng	名	sport
30	运动员	yùndòngyuán	名	athlete
31	听说	tīngshuō	动	to hear of
32	知道	zhīdào	动	to know
33	爱好	àihào	名/动	hobby; to like
34	喜欢	xǐhuan	动	to like
35	得	de	结构助词	*used after certain verbs to indicate possibility*
36	特别	tèbié	副	very, especially
37	更	gèng	副	more
38	一起	yìqǐ	副	altogether, together
39	正在	zhèngzài	副	in the process of, in the course of
40	有名	yǒumíng	形	famous
41	明星	míngxīng	名	star

三 任务及活动 TASKS AND ACTIVITIES

(一) 任务示范 Task Demonstration

故事场景 晚上，艾娜和大龙在饭馆一边吃饭一边聊天儿。

The scene of the story: Edna and Dalong are having supper while chatting in a restaurant.

艾娜：你有什么爱好？听说你唱歌唱得特别好！
Àinà: Nǐ yǒu shénme àihào? Tīngshuō nǐ chàng gē chàng de tèbié hǎo!

大龙：哪里，哪里，我更喜欢看电影。
Dàlóng: Nǎli, nǎli, wǒ gèng xǐhuan kàn diànyǐng.

艾娜：太好了，我也喜欢看电影。晚饭以后我们去电影院看电影，怎么样？
Àinà: Tài hǎo le, wǒ yě xǐhuan kàn diànyǐng. Wǎnfàn yǐhòu wǒmen qù diànyǐngyuàn kàn diànyǐng, zěnmeyàng?

大龙：好的。不知道大卫在做什么呢，我们叫他一起去吧。
Dàlóng: Hǎo de. Bù zhīdào Dàwèi zài zuò shénme ne, wǒmen jiào tā yìqǐ qù ba.

艾娜：他一定在上网呢。
Àinà: Tā yídìng zài shàng wǎng ne.

大龙：对，他是个有名的"网虫"。
Dàlóng: Duì, tā shì ge yǒumíng de "wǎngchóng".

（二）分步任务活动 Implement Tasks Step by Step

1 说说他们在干什么 Talk about what they are doing

两人活动 信息差任务。学生A看A图，学生B看B图。A 先提问，B 根据B图中的信息回答；然后B提问，A根据A图回答。最后两人共同完成下面的表格。

Pair work: Fill in the information gap. Student A looks at Picture A and asks questions first. Student B looks at Picture B and answers the questions based on Picture B. Then the two students reverse the roles, and complete the following table together.

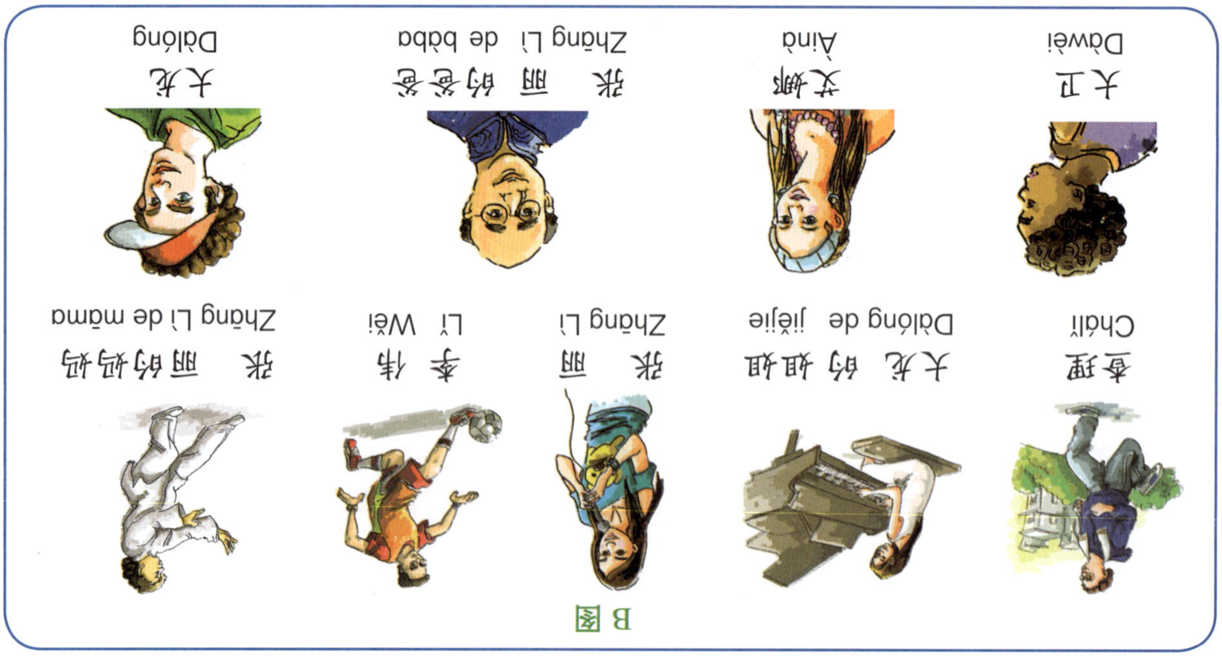

<table>
<tr><td colspan="2">
查理
Chálǐ</td><td colspan="2">查理 正在 跑 步呢。
Chálǐ zhèngzài pǎo bù ne.</td></tr>
<tr><td>
大龙的姐姐
Dàlóng de jiějie</td><td></td><td>
大卫
Dàwèi</td><td></td></tr>
<tr><td>
张 丽
Zhāng Lì</td><td></td><td>
艾娜
Àinà</td><td></td></tr>
<tr><td>
李 伟
Lǐ Wěi</td><td></td><td>
张 丽 的 爸爸
Zhāng Lì de bàba</td><td></td></tr>
<tr><td>
张 丽的妈妈
Zhāng Lì de māma</td><td></td><td>
大龙
Dàlóng</td><td></td></tr>
</table>

例

A: 查理（正） 在 做 什么（呢）？
Chálǐ (zhèng) zài zuò shénme (ne)?

B: 查理 正在 跑 步呢。
Chálǐ zhèngzài pǎo bù ne.

2 我们的明星 Our stars

(1) 他们是谁 Who are they

班级活动 请先将他们的名字与他们的特长连在一起，然后一人介绍一位明星的特长，其他人迅速说出这位明星的名字。

Class activity: First, please match their names with their specialties. Then, a student introduces a star's specialty, and others speak out his or her name quickly.

博尔特
Bó'ěrtè
Usain Bolt

郎 朗
Láng Lǎng
Lang Lang

帕瓦罗蒂
Pàwǎluódì
Pavarotti

迈克尔·杰克逊
Màikè'ěr Jiékèxùn
Michael Jackson

跳舞	弹钢琴	跑步	打网球	游泳	唱歌	打篮球	打乒乓球
tiào wǔ	tán gāngqín	pǎo bù	dǎ wǎngqiú	yóuyǒng	chàng gē	dǎ lánqiú	dǎ pīngpāngqiú

菲尔普斯
Fēi'ěrpǔsī
Michael Phelps

邓 亚萍
Dèng Yàpíng
Deng Yaping

费德勒
Fèidélè
Roger Federer

科比
Kēbǐ
Kobe Bryant

例

A: 他 跑 得 特别 快 (fast)。他 是 谁？
Tā pǎo de tèbié kuài. Tā shì shéi?

B: 他 是 博尔特。
Tā shì Bó'ěrtè.

（2）寻找明星同学　Look for the star students

小组活动 全班分为4组。根据提示讨论“班级之最”，完成下表，然后每组选一位代表向全班报告。

Group activity: Divide the class into four groups. Discuss “the top list of the class” based on the given information and complete the following table. Then select a representative from each group and make a presentation to the class.

同学姓名 Name of your classmate	特长 Specialty tècháng				
	唱歌 chàng gē	跳舞 tiào wǔ	打篮球 dǎ lánqiú	踢足球 tī zúqiú	其他 others qí tā

例

我们 的…… 明星 是……，他/她 喜欢……，……得很……。
Wǒmen de…… míngxīng shì……， tā / tā xǐhuan……， ……de hěn…….

3 你要做什么　What are you going to do

小组活动 学生A在Ⅰ中选择一个活动回答学生B的提问，学生C根据A的回答迅速在Ⅱ中选择一个相应的地点回答学生B的提问。其他人根据两人的回答说出一个句子。

Group activity: Student A chooses an activity from Picture I to answer Student B’s question. Student C chooses the corresponding place from Picture II to answer Student B’s question based on Student A’s answer. Others speak a sentence based on the two answers.

例

B：你 要 做 什么？
Nǐ yào zuò shénme?

A：我 要 跑 步。
Wǒ yào pǎo bù.

B：你 要 去 哪儿 跑 步？
Nǐ yào qù nǎr pǎo bù?

C：操场。
Cāochǎng.

Others：他 / 她 要 去 操场 跑 步。
Tā / tā yào qù cāochǎng pǎo bù.

操场
cāochǎng
sports ground

I

看 电影
kàn diànyǐng

踢 足球
tī zúqiú

游泳
yóuyǒng

健身
jiànshēn

唱 歌
chàng gē

打 篮球
dǎ lánqiú

II

KTV

健身房
jiànshēnfáng

电影院
diànyǐngyuàn

足球场
zúqiúchǎng

篮球场
lánqiúchǎng

游泳馆
yóuyǒngguǎn

（三）综合任务活动 Comprehensive Tasks

1 我们一起去唱卡拉OK吧 Let's sing karaoke

两人活动：和你的朋友谈谈爱好，邀请你的朋友一起去附近新开的KTV唱卡拉OK。

Pair work: Discuss with your friends about hobbies and then invite them to go to the newly-opened KTV nearby to sing karaoke with you.

例

A：听说 你……。
Tīngshuō nǐ…… .

B：我 更……。
Wǒ gèng…… .

A：……以后……去……唱 歌，好 吗？
…… yǐhòu …… qù ……chàng gē，hǎo ma？

B：好 啊。我 正 想……呢。……大卫……？
Hǎo a. Wǒ zhèng xiǎng…… ne. …… Dàwèi……？

A：他……。
Tā …… .

2 我也想学太极拳 I also want to learn tai chi chuan

表演活动：你想学习打太极拳，正好你的同学去操场打太极拳。

Role playing: You want to learn tai chi chuan and is running into one of your classmates who is going to play tai chi chuan on the sports ground.

例

A：你 去 哪儿？
Nǐ qù nǎr?

B：我 去……。
Wǒ qù…… .

A：你 是 不 是 正在 学习……？
Nǐ shì bu shì zhèngzài xuéxí……？

B：是 啊。你 也……？
Shì a. Nǐ yě……？

A：对，我 正……。
Duì，wǒ zhèng…… .

B：太好了。我们可以一起学。你也参加……，怎么样？
Tài hǎo le. Wǒmen kěyǐ yìqǐ xué. Nǐ yě cānjiā……, zěnmeyàng?
A：好啊。老师怎么样？
Hǎo a. Lǎoshī zěnmeyàng?
B：他打太极拳……。
Tā dǎ tàijíquán…….

3 介绍自己喜欢的明星 Introduce my favorite stars

小组活动 请根据下面的信息简单介绍一下这三位著名运动员。

Group activity: Briefly introduce these three famous athletes according to the information given.

姓名（name） xìngmíng	邓亚萍 Dèng Yàpíng
职业（profession） zhíyè	乒乓球运动员 pīngpāngqiú yùndòngyuán
爱好（hobby） àihào	唱歌 chàng gē

姓名（name） xìngmíng	大卫·贝克汉姆 Dàwèi Bèikèhànmǔ
英文名（English name） Yīngwén míng	David Beckham
职业（profession） zhíyè	足球运动员 zúqiú yùndòngyuán
爱好（hobby） àihào	买东西 mǎi dōngxi

姓名（name） xìngmíng	姚明 Yáo Míng
职业（profession） zhíyè	篮球运动员 lánqiú yùndòngyuán
爱好（hobby） àihào	上网、听音乐、看书 shàng wǎng、tīng yīnyuè、kàn shū

例

他/她 是……，他/她 是 有名 的……，他/她……得……。
Tā/tā shì……， tā/tā shì yǒumíng de……， tā/tā …… de…….
他/她的 爱 好 是……。
Tā/tā de àihào shì…….

4 谈爱好 Talk about hobbies

班级活动：调查班里同学的爱好及喜欢的运动项目，完成下面的表格，然后组成不同的爱好小组并介绍。

Class activity: Investigate your classmates' hobbies and the sports they like. After completing the following table, form different groups based on the hobbies and make a presentation.

姓名 Name	爱好 Hobby	……

例

① 你 有 什么 爱好？
Nǐ yǒu shénme àihào?

② 你 喜欢 什么 运动？
Nǐ xǐhuan shénme yùndòng?

③ 春天 (spring) /夏天 (summer) /秋天 (autumn) /冬天 (winter)
Chūntiān xiàtiān qiūtiān dōngtiān
你 常 做 什么 运 动？
nǐ cháng zuò shénme yùndòng?

④ 你 打 篮球 吗？打 得 怎么样？
Nǐ dǎ lánqiú ma? Dǎ de zěnmeyàng?

⑤ 你 常 (often) 去 唱 歌吗？什么 时候 你 去 唱 歌？
Nǐ cháng qù chàng gē ma? Shénme shíhou nǐ qù chàng gē?

他/她喜欢……，春天 他/她 常 去……，夏天 他/她喜欢……，
Tā/tā xǐhuan……， chūntiān tā/tā cháng qù……， xiàtiān tā/tā xǐhuan ……，
秋天 他/她 常……，冬天 他/她喜欢……。他/她……得 很 好。
qiūtiān tā/tā cháng……， dōngtiān tā/tā xǐhuan……. Tā/tā…… de hěn hǎo.
他/她也喜欢……。他/她 说…… 的 时候 他/她 常 去……。
Tā/tā yě xǐhuan……. Tā/tā shuō…… de shíhou tā/tā cháng qù…….

四 语法点注释 GRAMMAR NOTES

1 动作的进行 Action in progress

表示动作的进行，可在动词前加副词“正在、正、在”，或在句尾加语气助词“呢”。有时“正在、正、在”也可以和“呢”同时使用，构成“主语（名词/代词）+正在/正/在+动词+呢”。例如：

An ongoing action can be indicated by using the adverb 正在(zhèngzài), 正(zhèng) or 在(zài) before a verb, or using a modal particle 呢(ne) at the end of a sentence. Sometimes, 正在, 正 or 在 can be concurrently used with 呢, i.e., Subject (Noun/Pronoun) + 正在 / 正 / 在 + Verb + 呢, e.g.,

① 他 在 上 网（呢）。
Tā zài shàng wǎng (ne).

② 她 正在 听 音乐（呢）。
Tā zhèngzài tīng yīnyuè (ne).

2 程度补语 Complement of degree

程度补语用来说明动作或事物性质所达到的程度。程度补语一般由形容词充当。动词和程度补语之间要用结构助词“得”来连接，即“主语（名词/代词）+动词+得+形容词”。例如：

A complement of degree is used to demonstrate the degree to which an action or the nature of something reaches. It is usually an adjective. The structural modal particle 得 (de) is used between the verb and the complement of degree, i.e., Subject (Noun / Pronoun) + Verd + 得 + Adjective, e.g.,

① 他 跑 得 很 快。
Tā pǎo de hěn kuài.

② 他 唱 得 很 好。
Tā chàng de hěn hǎo.

程度补语的否定式是在程度补语的前边加否定副词“不”。例如：

Its negative form can be formed by putting the negative adverb 不(bù) before the complement, e.g.,

③ 他 跑 得 不 快。
Tā pǎo de bú kuài.

④ 他 唱 得 不 好。
Tā chàng de bù hǎo.

带宾语的动词后边如果再有程度补语，必须在宾语之后、“得”和程度补语之前重复动词，即“主语+动词+宾语+动词+补语”。例如：

If the verb taking an object is followed by a complement of degree, the verb must be reduplicated after the object and before 得 and the complement of degree, i.e., S+V+O+V+C, e.g.,

⑤ 他 打 篮球 打 得 很 好。
Tā dǎ lánqiú dǎ de hěn hǎo.

⑥ 他 说 汉语 说 得 很 好。
Tā shuō Hànyǔ shuō de hěn hǎo.

3 连动句：主语＋动词1＋宾语1＋动词2＋宾语2

The sentence with verbal constructions in series: $S+V_1+O_1+V_2+O_2$

在动词谓语句中，几个动词或动词短语连用，并有同一主语，这样的句子叫连动句。例如：

The sentence with verbal constructions in series: Subject +Verb 1 + Object 1+ Verb 2 + Object 2, e.g.,

① 我们 去 电影院 看 电影 吧。
Wǒmen qù diànyǐngyuàn kàn diànyǐng ba.

② 他 要 去 健身房 健身。
Tā yào qù jiànshēnfáng jiànshēn.

在口语中，“去”后边的宾语常省略。例如：

In oral Chinese, the object after 去(qù) is often omitted, e.g.,

③ 我们 去 打 篮球。
Wǒmen qù dǎ lánqiú.

五 学习后任务 REVIEW TASKS

1 介绍家人的爱好 Introduce your family members' hobbies

调查活动 调查一下你的家人有什么爱好，并比较他们的不同。

Investigation: Investigate what your family members like and find the differences.

例

我 妈妈 喜欢……，我 也 喜欢……。我 爸爸 不 喜欢……，
Wǒ māma xǐhuan……, wǒ yě xǐhuan……. Wǒ bàba bù xǐhuan……,
……和 我们 不 一样。
…… hé wǒmen bù yíyàng.

2 你周末做什么了 What did you do on last weekend

调查活动 调查一下你的同学上周末都做什么了，然后完成下表。

Investigation: Investigate what your classmates did last weekend and fill in the following form.

你的同学 Your classmates	上周末做什么了 What did they do last weekend

六 自我评估 SELF-EVALUATION

1 你认识这些生词吗 Do you know these new words

请在你认识的生词前面打√，然后数一下你认识的生词数。

Please tick √ before the words you know, and then count them.

□爱好	□运动	□钢琴	□健身房	□书	□电影院
□音乐	□网虫	□足球	□乒乓球	□篮球	□网球
□操场	□明星	□游泳馆	□运动员	□弹	□打
□听	□看	□踢	□唱歌	□跳舞	□游泳
□爬山	□跑步	□上网	□听说	□知道	□喜欢
□得	□特别	□正在	□更	□一起	□有名

认识25～36个：太棒了！
Knowing 25-36 words: Wonderful!

认识10～24个：不错，要更加努力。
Knowing 10-24 words: Good. Please make more efforts.

认识10个以下：得复习复习。加油啊！
Knowing fewer than 10 words: Please review the lesson. Come on!

2 选一选，测一测 Choose and test

在正确的句子或合适的答句前打√，看看你语法学得怎么样。

Tick √ before the correct sentences or answers to check how well you have learned the grammar.

①A. 你 有 什么 爱好？[→②]
Nǐ yǒu shénme àihào?
B. 你 是 什么 爱好？[→③]
Nǐ shì shénme àihào?

②A. 他 爬 快。[→⑥]
Tā pá kuài.
B. 他 爬得 很 快。[→⑤]
Tā pá de hěn kuài.

③A. 你的爱好是 什么？[→②]
Nǐ de àihào shì shénme?
B. 你的爱好 有 什么？[→D]
Nǐ de àihào yǒu shénme?

④A. 我 要去 操场 跑 步。[→A]
Wǒ yào qù cāochǎng pǎo bù.
B. 我 要去 操场， 要 跑 步。[→B]
Wǒ yào qù cāochǎng, yào pǎo bù.

⑤A. 他 打篮球 得 很 好。[→C]
Tā dǎ lánqiú de hěn hǎo.
B. 他打 篮球 打 得 很 好。[→④]
Tā dǎ lánqiú dǎ de hěn hǎo.

⑥他 唱 歌 怎么样？
Tā chàng gē zěnmeyàng?
A. 她 唱 很 好。[→C]
Tā chàng hěn hǎo.
B. 她 唱 得 很 好。[→⑤]
Tā chàng de hěn hǎo.

A. 太棒了，你的语法学得非常好！
Wonderful! You have learned the grammar very well.

B. 你的语法学得不错。不过要注意连动句的问题。请看一下语法点注释3。
You have learned the grammar well. However, you need to pay attention to the usage of the sentence with verbal constructions in series. Please refer to Grammar Note 3 for more details.

C. 请注意程度补语句，认真看一下语法点注释2，然后再试一试。
Please pay attention to the sentence with a complement of degree. Please read Grammar Note 2 carefully. Then try it again.

D. 带"是"和"有"的句子还要加油啊！
You should study harder on the 是-sentence and the 有-sentence.

3 听一听，填一填 Listen and fill in the table

你将听到大龙对他家人爱好的介绍。听录音后完成下面的表格。
This is Dalong's introduction to his family members' hobbies. Please complete the table after listening to the recording.

我的家人 My family members	爱好 Hobbies	我的家人 My family members	爱好 Hobbies
爸爸 bàba		中国 爸爸 Zhōngguó bàba	
妈妈 māma		中国 妈妈 Zhōngguó māma	
我 wǒ		中国 妹妹 Zhōngguó mèimei	

十 文化小贴士 CULTURAL NOTES

（一）你知道吗 Do You Know

太极拳 Tai Chi Chuan

太极拳是中国传统的一种武术项目，练习太极拳可以强身健体、延年益寿。

Tai chi chuan is one of the traditional Chinese martial arts. It helps people keep fit to have a healthy and long life.

现在，中国学习太极拳的人非常多。早上走在公园里，你会看到很多老年人在打太极拳。

Nowadays, there are a lot of people in China who are learning tai chi chuan. You will see many elders playing tai chi chuan when you walk in a park in the morning.

（二）图片看中国 China in Pictures

放 风筝
fàng fēngzheng
Fly kites

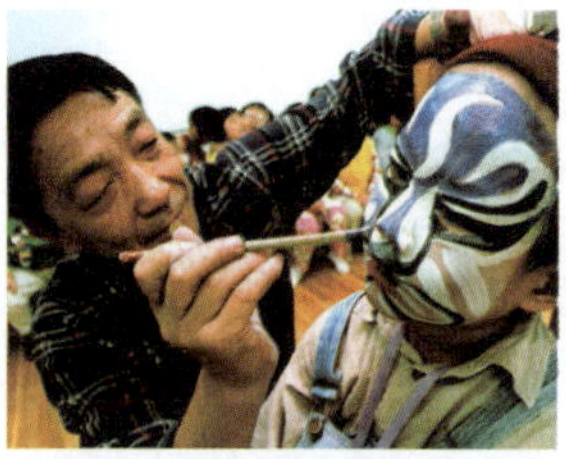

勾 脸
gōu liǎn
Paint one's face

弹 古筝
tán gǔzhēng
Play the Chinese zither

扭 秧歌
niǔ yāngge
Do the *yangge* dance

词语总表 Vocabulary

A

阿姨	āyí	名	aunt	2
爱好	àihào	名/动	hobby; to like	10
爱人	àiren	名	husband or wife, spouse	5

B

八	bā	数	eight	2
爸	bà	名	father	2
吧	ba	语气助词	*modal particle*	4
百	bǎi	数	hundred	2
半	bàn	数	half	6
拌黄瓜	bànhuánggua	名	cucumber with soy sauce	8
杯	bēi	量	*measure word for tea, wine*	8
北京烤鸭	Běijīng kǎoyā		Beijing roast duck	8
笨	bèn	形	foolish	4
鼻子	bízi	名	nose	4
别	bié	副	not	8
不	bù	副	no, not	2

C

猜	cāi	动	to guess	2
菜单	càidān	名	menu	8
参加	cānjiā	动	to take part in	7
操场	cāochǎng	名	sports ground	10
茶	chá	名	tea	8
差	chà	动	to be short of	6
长	cháng	形	long	4
唱歌	chàng gē		to sing	10
超市	chāoshì	名	supermarket	5
城市	chéngshì	名	city	3
吃	chī	动	to eat	6
抽烟	chōu yān		to smoke	9
出生	chūshēng	动	to be born	2
聪明	cōngming	形	clever, smart	4
从	cóng	介	from	6
错	cuò	形	wrong	4

D

打	dǎ	动	to play (any kind of ball game)	10
打扫	dǎsǎo	动	to clean	6
大	dà	名	age	2
大概	dàgài	副	around, approximately	6
大家	dàjiā	代	everybody	1
大学	dàxué	名	college, university	5
大夫	dàifu	名	doctor	5
蛋糕	dàngāo	名	cake	7
当然	dāngrán	副	certainly	5
到	dào	动	to arrive	6
的	de	结构助词	of	2
得	de	结构助词	*used after certain verbs to indicate possibility*	10
低	dī	形	low	9
弟弟	dìdi	名	younger brother	5
点	diǎn	量	(*measure word for hours*) o'clock	6
点	diǎn	动	to order (food)	8
电影	diànyǐng	名	film, movie	10
电影院	diànyǐngyuàn	名	cinema	10
都	dōu	副	all	1
短	duǎn	形	short	4
对	duì	形	right, yes	2
多	duō	副	how	2
多	duō	数	more	6
多大	duō dà		how old	2
多少	duōshao	代	how many, how much	2

E

耳朵	ěrduo	名	ear	4
二	èr	数	two	2

F

饭店	fàndiàn	名	restaurant, hotel	5
房间	fángjiān	名	room	6
飞机	fēijī	名	airplane	6
非常	fēicháng	副	very	5
分	fēn	名/量	minute; *measure word for minutes*	6

分	fēn	量	*monetary unit of China, equivalent to 1/10 of a jiao*	9
分钟	fēnzhōng	名	minute	6
服务员	fúwùyuán	名	waiter, waitress	5

G

钢琴	gāngqín	名	piano	10
高兴	gāoxìng	形	happy	1
哥哥	gēge	名	elder brother	5
个子	gèzi	名	height (of a person)	4
更	gèng	副	more	10
工作	gōngzuò	动/名	to work; work, job	5
公司	gōngsī	名	company	5
宫保鸡丁	gōngbǎo jīdīng		diced chicken with peanuts	8
狗	gǒu	名	dog	2
贵	guì	形	expensive	9
贵姓	guìxìng	名	surname (*a respectful term*)	1
国	guó	名	country	3
国家	guójiā	名	country	3

H

哈哈	hāhā	拟声	*onomatopoeia*	4
还是	háishi	连	or	8
孩子	háizi	名	child	5
好	hǎo	形	good	1
喝	hē	动	to drink	8
合适	héshì	形	suitable, appropriate, fit	9
和	hé	连	and	1
很	hěn	副	very	1
红包	hóngbāo	名	red paper packet containing money as a gift	7
猴	hóu	名	monkey	2
后年	hòunián	名	the year after next	7
虎	hǔ	名	tiger	2
婚礼	hūnlǐ	名	wedding	7
火车	huǒchē	名	train	6

J

机场	jīchǎng	名	airport	6
鸡	jī	名	rooster	2
几	jǐ	数	how many (num <10)	2

忌口	jì kǒu		to avoid certain food	8
家	jiā	名	family, home	5
家庭	jiātíng	名	family	5
家乡	jiāxiāng	名	hometown	3
件	jiàn	量	*measure word for clothing, matters, etc.*	9
健身	jiànshēn	动	to keep fit	10
健身房	jiànshēnfáng	名	gym	10
饺子	jiǎozi	名	Chinese dumplings	8
叫	jiào	动	to call	1
接	jiē	动	to pick up	6
结婚	jié hūn		to marry	7
姐姐	jiějie	名	elder sister	4
姐妹	jiěmèi	名	sisters	5
今年	jīnnián	名	this year	7
今天	jīntiān	名	today	7
经理	jīnglǐ	名	manager	5
九	jiǔ	数	nine	2
觉得	juéde	动	to feel	2

K

看	kàn	动	to look, to watch, to read	10
可爱	kě'ài	形	cute, lovely	4
可乐	kělè	名	coke	8
刻	kè	量	*measure word for quarters*	6
裤子	kùzi	名	pants	9
块/元	kuài/yuán	量	*monetary unit of China*	9

L

辣	là	形	spicy	8
来	lái	动	to order	8
来自	lái zì		to come from	3
篮球	lánqiú	名	basketball	10
篮球场	lánqiúchǎng	名	basketball court	10
老师	lǎoshī	名	teacher	1
礼物	lǐwù	名	present, gift	7
凉菜	liángcài	名	cold dish	8
邻居	línjū	名	neighbor	3
零/〇	líng	数	zero	2
六	liù	数	six	2
龙	lóng	名	dragon	2

M

妈	mā	名	mother	2
麻婆豆腐	mápó dòufu		Mapo Tofu	8
马	mǎ	名	horse	2
吗	ma	语气助词	*used at the end of a question*	1
买	mǎi	动	to buy	9
毛 / 角	máo / jiǎo	量	*monetary unit of China, equivalent to 1/10 of a yuan*	9
没(有)	méi (yǒu)	动	not (to have)	4
妹妹	mèimei	名	younger sister	5
米饭	mǐfàn	名	cooked rice	8
面包	miànbāo	名	bread	9
面条	miàntiáo	名	noodles	8
名字	míngzi	名	name	1
明年	míngnián	名	next year	7
明天	míngtiān	名	tomorrow	7
明星	míngxīng	名	star	10

N

哪	nǎ	代	which	2
哪儿	nǎr	代	where	3
那	nà	代	that	2
男朋友	nánpéngyou	名	boyfriend	4
呢	ne	语气助词	*used at the end of an interrogative sentence*	3
能	néng	能动	can	9
你	nǐ	代	you (*singular*)	1
你们	nǐmen	代	you (*plural*)	1
年	nián	量/名	*measure word for years*; year	2
年纪	niánjì	名	age	2
年轻	niánqīng	形	young	2
您	nín	代	you (*a respectful term*)	1
牛	niú	名	cow	2
女朋友	nǚpéngyou	名	girlfriend	4

P

爬	pá	动	to climb	10
盘	pán	量	*measure word for dishes, etc.*	8
跑步	pǎo bù		to run, to jog	10
朋友	péngyou	名	friend	4

便宜	piányi	形	cheap	9
漂亮	piàoliang	形	beautiful	1
乒乓球	pīngpāngqiú	名	table tennis	10
苹果	píngguǒ	名	apple	9
瓶	píng	量	*measure word for water, soy sauce, etc.*	8

Q

七	qī	数	seven	2
旗袍	qípáo	名	cheongsam	9
起床	qǐ chuáng		to get up	6
千	qiān	数	thousand	2
钱	qián	名	money	9
去	qù	动	to go	6
去年	qùnián	名	last year	7
裙子	qúnzi	名	skirt	9

R

然后	ránhòu	连	then	6
热菜	rècài	名	hot dish	8
人	rén	名	person, people	3
认识	rènshi	动	to know	1
日/号	rì / hào	名	date	7

S

三	sān	数	three	2
山	shān	名	mountain	10
上班	shàng bān		to go to work	6
上课	shàng kè		to go to class	6
上网	shàng wǎng		to surf the Internet	10
上午	shàngwǔ	名	morning	6
蛇	shé	名	snake	2
谁	shéi / shuí	代	who	3
什么	shénme	代	what	1
生日	shēngrì	名	birthday	7
圣诞节	Shèngdàn Jié	名	Christmas	7
十	shí	数	ten	2
时候	shíhou	名	time, moment	7
时间	shíjiān	名	time	6
事	shì	名	matter, thing, affair	7

试	shì	动	to try	9
试衣间	shìyījiān	名	fitting room	9
是	shì	动	to be (is, am, are, etc.)	1
书	shū	名	book	10
属	shǔ	动	to be born in the year (of a zodiac animal)	2
鼠	shǔ	名	mouse	2
刷卡	shuā kǎ		to swipe a card	9
帅	shuài	形	handsome	1
双	shuāng	量	*measure word for shoes, etc.*	9
水	shuǐ	名	water	8
睡觉	shuì jiào		to sleep	6
说	shuō	动	to speak	3
四	sì	数	four	2
送	sòng	动	to send, to give	7
酸辣汤	suānlàtāng	名	sour and spicy soup	8
岁	suì	量	*measure word for years (of age)*	2

T

他	tā	代	he, him	1
他们	tāmen	代	they, them (*of male or indefinite gender*)	1
她	tā	代	she, her	1
她们	tāmen	代	they, them (*of female gender*)	1
太……了	tài……le		too…	3
弹	tán	动	to play	10
汤	tāng	名	soup	8
特别	tèbié	副	very, especially	10
踢	tī	动	to kick, to play (football or soccer)	10
条	tiáo	量	*measure word for long, narrow or thin things*	9
跳舞	tiào wǔ		to dance	10
听	tīng	动	to listen	10
听说	tīngshuō	动	to hear of	10
同乡	tóngxiāng	名	person from the same hometown	3
头发	tóufa	名	hair	4
兔	tù	名	rabbit	2

W

晚饭	wǎnfàn	名	supper	6
晚会	wǎnhuì	名	party	7
晚上	wǎnshang	名	evening	6
碗	wǎn	量	*measure word for rice, etc.*	8
万	wàn	数	ten thousand	2
网虫	wǎngchóng	名	net addict	10
网球	wǎngqiú	名	tennis	10
问题	wèntí	名	question, problem	7
我	wǒ	代	I, me	1
我们	wǒmen	代	we, us	1
五	wǔ	数	five	2
午饭	wǔfàn	名	lunch	6

X

西红柿炒鸡蛋	xīhóngshì chǎo jīdàn		scrambled eggs with tomatoes	8
洗	xǐ	动	to wash	6
喜欢	xǐhuan	动	to like	10
下	xià	名	next	7
下班	xià bān		to get off work	6
下课	xià kè		to finish class	6
下午	xiàwǔ	名	afternoon	6
先	xiān	副	first	6
现在	xiànzài	名	now	6
想	xiǎng	能动	to want	6
小	xiǎo	形	little, small, young	4
小时	xiǎoshí	名	hour	6
鞋	xié	名	shoes	9
谢谢	xièxie	动	to thank	1
星期	xīngqī	名	week	7
星期日/天	xīngqīrì/tiān	名	Sunday	7
姓	xìng	动/名	to be surnamed; surname	1
兄弟	xiōngdì	名	brothers	5
学生	xuésheng	名	student	5
学习	xuéxí	动	to learn, to study	5

Y

眼睛	yǎnjing	名	eye	4
羊	yáng	名	sheep	2

样子	yàngzi	名	appearance	9
要	yào	能动	to need	6
也	yě	副	also, too	1
夜里	yèli	名	night	6
一	yī	数	one	2
衣服	yīfu	名	clothes	6
医院	yīyuàn	名	hospital	5
一定	yídìng	副	must	5
一下	yíxià	数量	*used after a verb to indicate an action lasting for a short time*	9
以后	yǐhòu	名	after	6
以前	yǐqián	名	before	6
以为	yǐwéi	动	to think	3
(一)点儿	(yì) diǎnr	(数)量	a little	8
一起	yìqǐ	副	altogether, together	10
音乐	yīnyuè	名	music	10
饮料	yǐnliào	名	beverage	8
幽默	yōumò	形	humorous	4
游泳	yóuyǒng	动/名	to swim; swim	10
游泳馆	yóuyǒngguǎn	名	natatorium	10
有	yǒu	动	to have	4
有点儿	yǒudiǎnr	副	slightly	9
有名	yǒumíng	形	famous	10
又……又……	yòu……yòu……		both…and…	4
……语	……yǔ		language	3
月	yuè	名	month	7
运动	yùndòng	名	sport	10
运动员	yùndòngyuán	名	athlete	10

Z

再	zài	副	in addition	8
在	zài	介	at, on, in	3
早饭	zǎofàn	名	breakfast	6
早上	zǎoshang	名	morning	6
怎么样	zěnmeyàng	代	how about, what about	4
这	zhè	代	this	2
真	zhēn	副	really	2
真的	zhēn de		really	3
正在	zhèngzài	副	in the process of, in the course of	10

只	zhī	量	*measure word for cats and dogs*	8
知道	zhīdào	动	to know	10
质量	zhìliàng	名	quality	9
中午	zhōngwǔ	名	noon	6
猪	zhū	名	pig	2
主食	zhǔshí	名	staple food	8
走	zǒu	动	to go, to walk	6
足球	zúqiú	名	football, soccer	10
足球场	zúqiúchǎng	名	football court	10
嘴	zuǐ	名	mouth	4
昨天	zuótiān	名	yesterday	7
左右	zuǒyòu	名	about, approximate	2
坐	zuò	动	to take (a bus, an airplane, etc.)	6
做	zuò	动	to do	5

专有名词 Proper Nouns

B

北京大学	Běijīng Dàxué	Peking University (PKU)	5
北京语言大学	Běijīng Yǔyán Dàxué	Beijing Language and Culture University (BLCU)	5

K

孔子	Kǒngzǐ	Confucius	4

Y

亚洲	Yàzhōu	Asia	3

录音文本及答案
Listening Scripts and Answers

第一单元　打招呼

三、任务及活动
（二）分步任务活动

4. 中文名字

（1）他姓白，叫白大龙。

（2）我姓张，叫张丽。

第二单元　谈年龄和属相

三、任务及活动
（二）分步任务活动

4. 制作个人信息卡

我叫李伟。

今年25岁。

我的电话号码是：86−10−8230−3671

我的身份证号是：121099198508172209

我的护照号是：204985876490

我的车号是：京N68908

我的门牌号是：1−1−502

六、自我评估

2. 做一做，练一练

（2）请听录音，判断下面哪个数字正确。

①14（A）　②220（B）　③101（B）　④1109（B）

第四单元　谈论一个人

六、自我评估

3. 听一听，答一答

我的中国妹妹很漂亮。她个子很高，头发很长，眼睛很大。我觉得她很聪明，也很可爱。她是中国人，她姓张，叫张丽。

答案　①A　②A　③A　④A　⑤B　⑥B

第五单元　谈家庭

六、自我评估

3. 听一听，答一答

我叫艾娜，在北京语言大学学习汉语。

我家有五口人，爸爸、妈妈、哥哥、弟弟和我。我爸爸是法国人，妈妈是美国人。我在美国出生，我是美国人。我哥哥和弟弟都在意大利出生，他们是意大利人。

我爸爸妈妈都是大夫，爸爸很幽默，妈妈很漂亮。我哥哥在美国工作，他是大学老师，他又高又帅，可是还没有女朋友。我弟弟是学生，他 14 岁，很聪明，也很可爱。

答案　①C　②B　③A　④A　⑤B　⑥A

第六单元　谈时间

三、任务及活动

（三）综合任务活动

3. 他们几点上课

艾娜早上 7 点起床，7 点半吃早饭，8 点上课，12 点下课，12 点半左右吃午饭。下午 2 点去游泳，5 点半吃晚饭。晚上 11 点睡觉。

李伟早上 6 点一刻起床，6 点半跑步，9 点上班。下午 5 点半下班，6 点多吃晚饭。晚上大概 11 点睡觉。

六、自我评估

3. 听一听，填一填

今天早上，小丽、王山和李伟都在打扫房间。小丽先吃早饭，然后打扫。从上午9点到中午1点半，都在打扫。王山上午两个小时都在打扫，打扫到11点40分。李伟也从9点开始，打扫了4个小时左右。他们谁打扫的时间最短？

答案

姓名	从几点	到几点	多长时间	时间最短
小　丽	9:00	1:30	4个半小时	
王　山	9:40	11:40	2个小时	√
李　伟	9:00	1:00	4个小时左右	

第九单元　购物

三、任务及活动

（二）分步任务活动

4. 听听这是哪幅图

（1）这双鞋有点儿大。　（2）这件衣服有点儿小。

（3）这条裤子有点儿长。　（4）这个苹果有点儿酸。

第十单元　谈爱好和运动

六、自我评估

3. 听一听，填一填

我的爸爸喜欢爬山，他常去爬山。我的妈妈喜欢听音乐，我也是。我也喜欢打篮球，还有去健身房健身。

我的中国爸爸爱好打乒乓球，我的中国妈妈也是，他们都打得很好。我的中国妹妹最喜欢看电影，她常去电影院看电影。

答案

我的家人	爱好	我的家人	爱好
爸爸	爬山	中国爸爸	打乒乓球
妈妈	听音乐	中国妈妈	打乒乓球
我	听音乐、打篮球、去健身房健身	中国妹妹	看电影

全书部分名人简介
Brief Introduction to Some Celebrities in This Book

第一单元　打招呼

1. 姚明：中国著名篮球运动员，曾效力于美国NBA休斯顿火箭队。
   Yao Ming: a famous Chinese basketball player who once played for the Houston Rockets of America's NBA.
2. 章子怡：中国著名女演员，代表作品：《卧虎藏龙》。
   Zhang Ziyi: a famous Chinese actress. Her representative work: *Crouching Tiger, Hidden Dragon.*
3. 莎士比亚：英国著名文学家，代表作品：《哈姆雷特》。
   William Shakespeare: a famous English writer. His representative work: *Hamlet.*
4. 比尔·盖茨：美国微软公司创始人之一。
   Bill Gates: one of the founders of Microsoft, America.
5. 郭富城：中国香港著名男歌手，代表作品：《对你爱不完》。
   Aaron Kwok: a famous singer of Hong Kong, China. His representative work: *Loving You Forever.*
6. 白雪公主：童话《白雪公主和七个小矮人》的主人公。
   Snow White: the heroine of the fairy tale *Snow White and the Seven Dwarfs.*
7. 贝克汉姆：英国著名足球运动员。
   David Beckham: a famous English football player.
8. 成龙：中国著名男演员，代表作品：《警察故事》。
   Jackie Chan: a famous Chinese actor. His representative work: *Police Story.*
9. 邓丽君：中国台湾著名女歌手，代表作品：《我只在乎你》。
   Teresa Teng: a famous singer of Taiwan, China. Her representative work: *I Only Care About You.*
10. S.H.E：中国台湾著名女子音乐团体，代表作品：《波斯猫》。
    S.H.E.: a famous female musical group of Taiwan, China. Its representative work: *Persian Cat.*
11. 阿童木：日本动画片人物。
    Astro Boy: a Japanese cartoon character.
12. 米妮：美国动画片人物。
    Minnie: a character in an American cartoon.
13. 布拉德·皮特：美国著名男演员，代表作品：《特洛伊》。
    Brad Pitt: a famous American actor. His representative work: *Troy.*
14. 沈殿霞：中国香港著名女演员，昵称"肥肥"，代表作品：《欢乐今宵》。
    Lydia Shum, affectionately known as Fei-fei (literally *Fat Fat*, *Fat Sister* or *Fatty*), is a famous singer and actress of Hong Kong, China. Her representative work: *Enjoying Yourself Tonight.*

15. 吕燕：中国著名模特。
    Lu Yan: a famous Chinese model.
16. 小矮人：童话《白雪公主和七个小矮人》中的人物。
    Dwarfs: characters in the fairy tale *Snow White and the Seven Dwarfs*.
17. 科比：美国著名篮球运动员。
    Kobe Bryant: a famous American basketball player.
18. 朱莉：美国著名女演员，代表作品：《古墓丽影》。
    Angelina Jolie: a famous American actress. Her representative work: *Tomb Raider*.
19. 马云：中国阿里巴巴网站的创始人。
    Jack Ma: founder of the Chinese website Alibaba.com.
20. 王力宏：著名华语流行男歌手、音乐人，代表作品：《龙的传人》、《唯一》。
    Leehom Wang: a famous popular singer and songwriter. His representative works: *Descendants of the Dragon* and *The Only and Only*.
21. 巩俐：中国著名女演员，代表作品：《大红灯笼高高挂》。
    Gong Li: a famous Chinese actress. Her representative work: *Raise the Red Lantern*.
22. 郭晶晶：中国著名跳水运动员。
    Guo Jingjing: a famous Chinese diver.
23. 李冰冰：中国著名女演员，代表作品：《雪花秘扇》。
    Li Bingbing: a famous Chinese actress. Her representative work: *Snow Flower and the Secret Fan*.
24. Rain：韩国著名男歌手。
    Rain: a famous South Korean singer.
25. 邓亚萍：中国著名乒乓球运动员。
    Deng Yaping: a famous Chinese table tennis player.
26. 机器猫：日本动画片形象。
    Doraemon: a character in a Japanese cartoon.
27. 李小龙：中国著名男演员，代表作品：《猛龙过江》。
    Bruce Lee: a famous Chinese actor. His representative work: *Way of the Dragon*.

第二单元　谈年龄和属相

28. 哈利·波特：英国著名小说《哈利·波特》主人公。
    Harry Potter: the hero in the famous English novel *Harry Potter*.
29. 林妙可：2008年北京奥运会开幕式上表演《歌唱祖国》的女孩儿。
    Lin Miaoke: the girl who performed *Ode to Motherland* at the opening ceremony of 2008 Beijing Olympics.
30. 周杰伦：中国台湾著名音乐人，代表作品：《东风破》、《青花瓷》。
    Jay Chou: a famous singer of Taiwan, China. His representative works: *East Wind Breaks* and *Blue and White Porcelain*.

31. 张娜拉：韩国著名女歌手及演员。
Jang Na-ra: a famous South Korean singer and actress.

32. 刘翔：中国著名110米栏运动员。
Liu Xiang: a famous Chinese 110 meter hurdler.

第三单元　谈国籍和家乡

33. 披头士：英国著名摇滚乐队，代表作品：《昨天》、《黄色潜水艇》。
The Beatles: a famous English rock band. Its representative works: *Yesterday* and *Yellow Submarine.*

34. 罗纳尔迪尼奥：巴西著名足球运动员。
Ronaldinho: a famous Brazilian football player.

35. 福原爱：日本著名乒乓球运动员。
Ai Fukuhara: a famous Japanese table tennis player.

36. 玛丽莲·梦露：美国著名电影女演员，代表作品：《热情似火》。
Marilyn Monroe: a famous American actress. Her representative work: *Some Like It Hot.*

37. 帕瓦罗蒂：意大利著名男高音歌手。
Luciano Pavarotti: a famous Italian tenor.

38. 大长今：韩国著名电视剧《大长今》中的主要人物。
Dae Jang Geum: the heroine in the South Korean television series *Dae Jang Geum.*

39. 妮可：美国著名女演员，代表作品：《红磨坊》。
Nicole Kidman: a famous American actress. Her representative work: *Moulin Rouge.*

40. 滨崎步：日本著名女歌手。
Ayumi Hamasaki: a famous Japanese singer.

第四单元　谈论一个人

41. 卓别林：英国著名喜剧演员，代表作品：《摩登时代》。
Charles Chaplin: a famous English comic actor. His representative work: *Modern Times.*

42. 霍金：世界著名物理学家，代表作品：《时间简史》。
Stephen William Hawking: a world-famous physicist. His representative work: *A Brief History of Time.*

43. 米奇：美国动画片人物。
Mickey: an American cartoon character.

44. 费德勒：瑞士著名网球运动员。
Roger Federer: a famous Swiss tennis player.

45. 孙悟空：中国四大名著之一《西游记》中的主要人物。
Monkey King: one of the heroes in *Journey to the West*, one of the Four Great Classical Novels of China.

46. 爱因斯坦：世界著名物理学家，相对论的创立者。
Albert Einstein: a world-famous physicist and founder of the Theory of Relativity.

47. 孔子：中国儒家思想的奠基者和代表人物。
Confucius: founder and representative of China's Confucianism.

48. 猪八戒：中国四大名著之一《西游记》中的主要人物。
Pig Guy: one of the heroes in *Journey to the West*, one of the Four Great Classical Novels of China.

第五单元　谈家庭

49. 老舍：中国现代著名文学家。
Lao She: a famous modern Chinese writer.

第十单元　谈爱好和运动

50. 博尔特：牙买加著名短跑运动员。
Usain Bolt: a famous Jamaican sprinter.

51. 郎朗：中国著名钢琴家。
Lang Lang: a famous Chinese pianist.

52. 迈克尔·杰克逊：美国著名男歌手。
Michael Jackson: a famous American singer.

53. 菲尔普斯：美国著名游泳运动员。
Michael Phelps: a famous American swimmer.